JN074154

京大生ホステスが教えます。99%の男がしていない恋愛の超基本

京大生
ホステス

が教えます。
99%の男がしていない

恋愛の
超基本

京大生ホステス
灯諸こしき

はじめに

恋愛なんて、ちょっと頭を使えば誰でもうまくいく

はじめまして、**京大生ホステスの灯諸こしき**(とうもろ)です。

私は現在、京都大学に通いながら、京都の花街(はなまち)・祇園(ぎおん)の高級クラブでホステスとして働いています。

この二足のわらじはなかなかにチグハグですが、**〝ホステスなのに京大生〟**という肩書きをお店のスタッフに気に入られ、一流モデルばりの美女でもないのに結構な高時給で雇ってもらっています。

みなさんは高級クラブと聞いて、どんな場所を想像するでしょうか? きっとこの本を手に取ってくれている人の中で、実際に行ったことのある人は少数だと思います。

高級クラブとは一言で言えば、〝超高いキャバクラ〟のこと。厳密には〝指名制度がない〟など、キャバクラと違う部分はたくさんありますが、1番の違いは価格帯です。

私は過去にキャバクラで働いていたこともありますが、そのときにお客様からいただく会計金額の平均は、1人あたり3～5万円程度。でも、今働いている高級クラブの会計は、1人あたり15～20万円。ときには100万円を超えることもあります。あまりの桁違いっぷりに、移籍したばかりの頃はいつもお金を受け取る手が震えていました。

そんな高級クラブで働く中で、私には1つ分かったことがあります。

それは、**《恋愛なんて受験と同じ。ちょっと頭を使えばうまくいく》**ということです。

モデルばりに綺麗な他のホステスたちと比べて、**容姿では明らかに劣っていた私が、1年も経つとなぜかお店のNo.2の座にいました。**客単価15万円ものお店で、です。

なぜなら、私はお店に来るお客様たち（主に経営者・医者・弁護士など）から、異常なほどの人気を得たからです。

〝京大生ホステス〟という肩書きは仲の良いお客様以外には秘密にしていましたが、それでも「この子は本当に頭がいい」「どんな話にもついてくる」と多くのお客様が私を絶賛し、選んでくれるようになりました（やはり人気No.1のド美人には、1度も敵わなかったんですけどね。それでも陰気な京大生の私にしたら、大健闘です）。

どんな恋愛下手でも使える最強の教科書！

それなりの容姿があれば、あとは頭で闘える。

そのことが分かってから、私は自分の周りにいる「僕には恋愛なんてできません……」という顔をしたマジメだけが取り柄の京大生男子たちを、急にもったいなく感じるようになりました。

私にできたのだから、彼らにできないはずがない。

人に好かれて選ばれるには、勉強と同じく少しだけコツが要ります。なのに彼らは、そのコツを探そうともしない。

「モテたい」「彼女がほしい」と薄っすら思ってはいるものの、行動に移さない彼らを観察しているうちに、私はあることに気付きました。

ああ、そうだ。**教科書がない**んだ。マジメな彼らはそれさえあれば、きっと誰よりもいい点数を取るのに……。

そこで私は、恋愛に奥手なマジメ男子たちに向けて、**恋愛の教科書をつくろうと考えました。それも、最強の。**

彼らにとって、巷(ちまた)の恋愛ノウハウは「自分のキャラに合わないから」と抵抗を感じるものかもしれないけれど、彼らと同じく勉強ばかりしてきた私がオススメする簡潔で理論的な方法は、かなり取り組んでもらいやすいものだと思うからです。

言わばこれは、**【恋愛の赤本】**です。

一方で、**どんどん行動をしている男子も、恋愛がうまくいっていない**ようです。たとえば、こんなことをしていませんか？

- ▼出会い系アプリで、プロフィール欄をぎっしりと埋めて、自己アピールしている
- ▼ファッションの流行を気にしている
- ▼相手（気になる女の子）の都合ばかり聞いている

これ、私から言わせれば、**全部間違っています**。むしろこんなことをしていたら、一生モテません。その理由は、本編で解説しますね。

実際に成功者を出し、人気を呼んだ恋愛術をまとめています

ただ、ここで気になるのが、〝私が教える恋愛術が実際に役に立つのかどうか〟。私は自分の恋愛術に確固たる自信を持っていましたが、男性が使ったときに本当に効果があるのか、そして世の女性に受け入れられるのかを確かめる必要がありました。

そこでまず、**周囲の男子たちに試してもらいました。**すると、**「やっと彼女ができた！」「女の子と話すのに、抵抗がなくなった」**など、**喜びの声をたくさんもらったのです。**

そして、その恋愛術をネット上にアップしていきました。**ｎｏｔｅ**という文章などを発表するサイトに投稿していましたが、好評をいただいたようで、**１年間で70万アクセス、この本が出る頃には１００万アクセス**となったのです。ｎｏｔｅでは有料記事も公開していましたが、飛ぶように売れました。

この本は、**ｎｏｔｅで人気があった記事はもちろん、まだどこにも書いていないネタもどんどん入れて、最高の１冊にした**つもりです。

この本によって、1人でも多くの〔恋愛下手な男子〕の恋愛偏差値が向上することを願っています。

2020年7月　京大生ホステス　灯諸こしき

CONTENTS

はじめに 2
・恋愛なんて、ちょっと頭を使えば誰でもうまくいく 2
・どんな恋愛下手でも使える最強の教科書！ 4
・実際に成功者を出し、人気を呼んだ恋愛術をまとめています 6

第1章 戦闘準備

女は減点方式で男をジャッジする。
減点ポイントをいかに減らすか。

・どんなに中身が良くても、見た目がダメなら試合終了 18
・〝減点〟方式の自己診断で判明！ 実は6割の男が戦力外…… 21
【恋のセンター試験】容姿の減点ポイント10 21
・女は〔いいところを見つけた男〕ではなく、〔悪いところを見つけられない男〕を好きになる 23
【恋のセンター試験】対策！ 容姿改善方法の一例 25
・勝負服は、ユニクロですべてそろえられる 26

女が嫌う！　男の〝ナシ〟ファッション代表例　27
・「清潔感＝不潔じゃない」ではありません　30
・美人が男性の容姿で見ている4つのポイント　31
・祇園ホステスたちが語った、男性をジャッジする【2番目のふるい】　32
第1章　まとめ　38

第2章 獲物を知る

恋愛は就職活動と同じ。
まずは自己分析から。

・下手な鉄砲も数撃ちゃ当たりません　40
・〝自己分析〟をしない恋愛活動は、成功率が低すぎる　42
・【恋愛シラバス】で自分の好みを明確にしよう　45
書き込み式：【恋愛シラバス】のテンプレート　47
・これで獲物は間違えない！　【恋愛シラバス】のつくり方　48
・【成績表】でターゲットを得点付け　55

書き込み式：気になる異性の【成績表】のテンプレート 57
・60点以上なら迷わず攻めろ 58
・好みが分かれば、同時進行もスムーズで、継続させやすい 60
・違いの分かる男になろう 62
第2章まとめ 64

第3章 いざ、狩り（ハンティング）へ！

恋愛本のほぼすべてが、
デタラメばかり書いている。

・今や、24時間365日、トイレでも彼女が見つかる時代 66
・9千人をジャッジした私が考える【女目線のマッチングアプリ攻略法】 68
・女が「絶対にマッチしたくない」と感じる男性の写真6パターン 69
・初心者でもマッチしやすい！ プロフィール写真の選び方 72
階層別！ プロフィール写真のススメ 74
・こんなプロフィール文の男性とマッチしたい 76

・直球で「今日会おうよ」でいいのはなぜ？ 79
・このタイミングで送れば、相手からの返信率は上がる 81
・メッセージなんて、「きれいだ会いたい飯行こ！」だけで充分 83
・メッセージでよくあるミス5選 84
・「出会いがない」なんてありえない 92
・〝脈アリ〟かどうかが見抜ける3つの質問 94
・初対面での3大NG行動は〔自慢〕〔熱弁〕〔オタ開示〕 99
・コミュニティ恋愛の場合は【ドフランク陽動作戦】で攻めるべし 102
・女からの好感度が一気にゼロになるメッセージ 104
・女から返事がもらえないメッセージの共通点 107
第3章 まとめ 110

第4章 決戦！　デート・告白術

やるべきことは、
実はビックリするくらい少ない。

・初回デートはさっさと切り上げるべし　114
・自分から手をつないだ瞬間、あなたは女にナメられる　115
・食事デートは3つをすれば9割終了　118
・食事中の会話は「おいしいね」の連呼だけで充分　123
・デート中は《顔↓スタイル↓知能》の順に褒める　126
女のプライドを絶妙にくすぐる褒めセリフの例　128
・焦らしすぎは禁物！　告白は知り合って〝3ヶ月以内〟　130
告白の成功率が最も高い条件　130
告白の成功率が最も低い条件　131
・デート中も女は減点方式でジャッジしている！　この【12の言動】に注意せよ　133
・食事のマナーが悪い時点で、Hする関係まで発展しない　136
女が見ている！　食事のマナーチェックシート　137

・会話を続けるために女性に質問を続ける……それ、間違ってます 138
・初対面の女性との会話は必ず【仙人モード】で 141
第4章まとめ 145

第5章 高実現率を誇るセックス誘導術

物怖じしない男性が密かにやっていること。

・〝焦らし〟こそ最強の戦略！ すぐに飛びついた時点でゲームオーバー 148
✦コラム✦美人こそ、手を出さないほうが歩み寄ってくる 150
・経験人数とセックステクは比例しない 151
・童貞には価値がある！ 隠さずアピールすべし 156
・ホテルや家に連れ込む際の〔OKセリフ〕と〔NGセリフ〕 157
・いい雰囲気のレシピ 161
・ディープキスから始めてはいけない理由 165
・セックスで見落としがち……女子が求める理想的な時間配分 166

・ピロートークよりオススメしたいセックス後の過ごし方 169
第5章 まとめ 171

第6章 関係を継続させるメンテナンス術

いかに〝金をかけないか〟がポイント。

・彼女ができたら即実行！ 〝女目線の〟関係継続のコツ 174
・ファミレスで充分！ 2人の行きつけの店をつくる 175
・最高のデートスポットは、自宅 177
・セックスは、しつこく求めるくらいがちょうどいい 180
✦コラム✦結婚前のセックスレスは、カップルの終わり 181
・今の時代だからこそ、メールやSNSよりも【交換日記】をする 183
・重要なのは〝相手へのコミットを示すこと〟 199
・世界的ベストセラー恋愛本でも推奨する〝ノンコミット〟を真っ向から否定する理由 201
第6章 まとめ 204

第7章 別れのピンチを乗り切る方法

別れてから
〝2週間〟の行動に、
すべてがかかっている。

・経験則で編み出された【復縁の公式】 206
・「別れよう」と言われたら、とにかく凹む 207
・あえて完全に連絡を断つ 209
・【復縁レポート】を作成する 211
・【キミは俺のすべてだったよ作戦】で仕上げる 212
・ケンカはしないことのほうが問題 214
・泣くのなら、復縁が決まった〝後で〟 215
✦コラム✦男の涙は武器になることも 216
第7章 まとめ 217

おわりに 218

第1章

戦闘準備

女は減点方式で男をジャッジする。
減点ポイントを
いかに減らすか。

どんなに中身が良くても、見た目がダメなら試合終了

まず、はじめに断言します。残念ながらやはり、**恋愛に容姿は超重要**です。**これにはは科学的根拠があります。**《人間が好きな異性を選ぶ際に最も重視する項目は〝容姿〟》だとする研究結果が、既に大量に報告されているんです。**しかもその傾向は、男性よりも女性のほうが強い。**

なので私は、巷によくある恋愛本のように、「男性の恋愛に容姿は関係ありません、言動がすべてです」などと、変に希望を持たせるようなことは言いません。その手のことばは、容姿にコンプレックスを持つ人々からすると非常に気持ちがいいけれど、真実ではありません。私はそんなウソをついてまで男性からの支持を集めようとは思っていませんし、科学的に立証された事柄を根拠もなく覆すのは不誠実だと思っています。

なので、もう1度ハッキリ言います。恋愛で容姿は絶対に無視できません。

多くの男性たちからの悲鳴が聞こえてきそうですが、まずはその点をしっかり認識してください。

「言動さえ変えれば、女にモテまくるはずだ」

そんなはずありません。

だって、あなたは性格のいいブスが好きですか？　やたらとモテ仕草を繰り出してくる割に、容姿には無頓着（むとんちゃく）な女を彼女にしたいですか？　そんなわけないですよね。

「いや、女は男の中身を見てる」

うん、中身も見てます。顔はいいのに中身がイマイチだから恋愛対象外、そんな残念なイケメンもたくさんいます。

でも**女が好きになるのは、いつだって自分の【容姿判定フィルター】**で**〝アリ〟に分類した男だけ**です。

わざわざ中身をチェックするのは、〝アリ〟に分類した男だけ。容姿が〝ナシ〟の相手の中身までいちいち確認してる暇はありません。それは男性でも同じではないでしょうか。

このアリorナシ、残念ですが初対面で決まります。しかもほんの数秒間。その上、ジャッジの基準は男性よりも女性のほうが厳しいと言われているんです。

「男は見た目じゃない」という価値観は、今すぐ捨ててください。

今、満足のいく恋愛をできていないのであれば、あなたはまず自分の容姿を見直す必要があります。そして可能な限り改善し、多くの女性から〝アリ〟の判定をもらえるようにしてください。

言うなれば、**容姿は【恋のセンター試験】**。目標を達成するための第一関門です（『センター試験』とは、2021年からは『大学入学共通テスト』と呼ばれる試験のこと）。

ここまで読んで、「なんだ、結局見た目かよ……」と思って本を閉じかけた方、ちょっと待ってください。

ここで言う〝見た目〟には、顔の造形だけでなく、髪型・服装・表情などの後天的要素も多く含まれています。つまり、考えて実践すれば誰にでも改善できることばかりなんです。

次の項では、女性が男性の〝アリ or ナシ〟を判断する項目のうち、自力で改善可能な要素をまとめています。

自分自身に当てはめながら、いくつクリアしているかチェックしてみてください。

〝減点〟方式の自己診断で判明！ 実は6割の男が戦力外……

こちらは、私や知人女性たちが〝ナシ〟に分類してきた男性の特徴のうち、自力で改善できる項目をまとめたものです。

当てはまるものにチェックを入れ、１００点満点から、１つ該当するごとに10点を引き算してみてください。

【恋のセンター試験】容姿の減点ポイント10

- □爪が伸びている
- □髪が脂っぽい
- □謎にこだわりのありそうな服を着ている
- □ずっと無表情
- □ほとんど目を合わせない
- □眉が整っていない、または左右非対称

□**生え際が後退している**
□**太っているor痩せすぎている**
□**肌荒れがひどい**
□**歯並びが悪く口元が出ている**

これでテストは終了。あなたは、何点になりましたか？

女は基本的に、異性を減点方式でジャッジします。つまり、100点満点の状態からこれらの項目をサッと見て減点し、ルックスの基礎点を決めているんです。**4つ以上当てはまった方は不合格（足切り決定）**。60点以下となってしまった方は、残念ですがほとんどの女から〝ナシ〟に分類されています。

60点以下の男性は、恋のセンター試験で希望の学校（女性）に行けないと思ってください。受け入れてくれるのは、自分の希望より数段ランクの低い女性だけです。

女は〔いいところを見つけた男〕ではなく、〔悪いところを見つけられない男〕を好きになる

男性が勘違いしていることが1つあります。それは、〝女は減点方式で異性を見る〟の本当の意味を、ほとんど理解できていないことです。

「彼氏のどこが良かったの？」と聞いてくる男性がいます。違うんです。

いいところがたくさんあったからではなく、悪いところがほとんどなかったから付き合うんです。

女は初対面で〔いいところを見つけた男〕ではなく、〔悪いところを見つけられない男〕を好きになります。

誰もが心に自分の理想を、つまり〝白馬の王子さま〟を思い描いているんです。その王子さまと目の前の男性を比較して、劣っていた場合に減点します。加点方式よりも減点方式のほうが、ターゲットを素早く選別できるからです。

図1. アリ男、ナシ男の例

入試にたとえると、部分点が加点になる記述式より、間違いは即減点のマークシート形式のほうが、〝採点時間が短く〟〝正確に〟合否を判断できますよね。

減点方式による素早いジャッジは、すべての男性の子供を身ごもることができないゆえに身に付いた、〝女の本能〟だと思います。

ただ、マークシート試験には必ず、**ハッキリとした答えがあります**。まずはこれらの項目を1つでも多く改善し、「合格させざるを得ない男」になりましょう。

【恋のセンター試験】対策！　容姿改善方法の一例

▼**爪が伸びている**……週に1度は必ず切る。100均で爪やすりも買って自宅に常備。

▼**髪が脂っぽい**……毎朝必ずシャワーを浴びる。1日浴びていないだけでも、髪の質感から気付く女性は多い。夜浴びるより朝がベスト。皮脂が多い人はメンズ用のシャンプーを。

▼**謎のこだわり服**……モテに個性は不要。ユニクロでそろえる（次項にて解説）。

▼**ずっと無表情**……鏡の前で表情筋のトレーニングを。意識して笑う習慣を付ける。

▼**ほとんど目を合わせない**……街コン・合コン・相席屋など、初対面の異性と話さなければならないシチュエーションに自ら身を投じて鍛える。

▼**眉が整っていない、または左右非対称**……美容室でそろえてもらうか、メンズ眉毛サロンへ行く。

▼**生え際が後退している**……前髪をつくって生え際が見えないヘアスタイルに。

▼**太っているor痩せすぎている**……標準体重より少し軽い程度を維持。食事管理の他に、スポーツやジムでの筋トレも。自分の体型すらコントロールできない男が、女をコントロールできるはずがない。

▼**肌荒れがひどい**……よく寝てよく食べる。過剰なケアはかえって肌荒れの元になるので、まずは生活習慣を見直すこと。それでも治らない場合は皮膚科（ひふか）へ。
▼**歯並びが悪く口元が出ている**……歯科矯正を受ける。または審美歯科に相談する。

勝負服は、ユニクロですべてそろえられる

男性が異性に好かれるために選ぶべき服は、〔高級ブランドのロゴ入りTシャツ〕でも〔激しいガラの古着〕でもなく、**無地でシンプルなユニクロ服**です。

モテるために異性ウケを狙うのであれば、**〝俺らしさ〟は要りません。〝万人ウケ〟だけを狙います。**ファッションにおける自分の個性は、彼女ができてから出しましょう。好みの分かれる服を着て、ナシ判定をもらう確率をわざわざ上げる必要はありません。

たとえばこれは、女同士でよく話題に上がる〝ナシ〟ファッションの一例です。

女が嫌う！　男の〝ナシ〟ファッション代表例

▼**知名度の高いブランドのロゴ入りTシャツ**……GUCCI、Supremeなど（流行に流されてただの〝ロゴ入りの布〟に数万払う価値観が、理解できない女は多い）

▼**ピッチピチの白Tシャツ**……乳首が透けてたらもっとダメ

▼**ピッチピチのスキニーパンツ**……テレビで〈女子がニガテなファッション〉として特集が組まれるほどの不人気

▼**だるだるブカブカのパーカー**……特に萌え袖（袖から指先だけが出ている状態）は、千葉雄大しか似合わないので絶対にＮＧ

▼**少年のような短パン**……男性として意識できない

▼**マジシャンのようなベスト**……おじさんに見える

▼**膨れ上がったダウン**……おじさんに見える

▼**裾が長くヒラヒラした羽織り**……やや女性的な印象

▼**やたらとデカくて底が厚いスポーツ系スニーカー**……ストリート系ファッションは、かなり好みが分かれる（特に、スタイリッシュな男性が好きな女性からは大不評）

▼**ピエロのように先の尖った靴**……ロックバンドが好きな女にのみ好評

▼謎のクラッチバッグ（セカンドバッグ）……ナルシストに見える
▼謎のおしゃれハット……RADWIMPSに憧れ続けてる人に見える
▼過剰なアクセサリー……2つ以上の指輪やネックレス、ピアス、謎の数珠はNG

これらの**個性的なファッションは、ごく一部の層にウケる代わりに、その他大勢の女性からの評価を捨てることになってしまいます。**

ギャルメイク・パンクファッション・ロリータ服などの個性的な女性より、オフィスカジュアル系の清楚な女性のほうが多くの男性からの支持を集める、と言えばイメージしやすいかもしれません。

モテる人は、とにかく無難（ぶなん）で勝負します。無難なファッションは誰かのツボにハマることはないけれど、嫌われることはほとんどありません。

一方で、個性的なファッションはギャンブルです。2時間後に初めて出会う魅力的な女の子が、ピッチピチのスキニージーンズが好きかどうかなんて、誰にも分からないからです。

これは取引先の社長への手土産に、〔銘菓〕を選ばず〔カップ麺1ダース〕を持って行くようなものだと思ってください。もしその社長がたまたまカップ麺愛好家ならそのギャ

図2．“ナシ”な男性のファッションの例

ンブルは成功ですが、そうでなければ大失態。「こいつは絶対におかしい。常識知らずかも。かかわるのはやめておこう……」と思われて終わりです。

一方で、〔銘菓〕は加点にこそならないものの、絶対にマイナスにはなりません。それどころか社長がその銘菓が大好きで、加点になる可能性すらあります。だとしたら、リスクの高いカップ麺を試すようなギャンブル性が、この取引に必要でしょうか？

ユニクロは銘菓です。多くの女性が減点をしません。彼女がほしい男性は制服にしましょう。

「清潔感＝不潔じゃない」ではありません

〝清潔感〟とは、食事中に至近距離で見ても一切不快にならない顔のことです。

実際に不潔かどうかなんて関係ありません。多くの女性は、1日3回風呂に入るブサイク芸人より、3日間風呂に入っていないキムタクのほうが「清潔感がある」と答えます。

つまり女性は、**自分の【容姿判定フィルター】で〝ナシ〟に分類した男性のことを「清潔感がない」と言い換えているだけ**です。

「顔がムリ」と直接言うのはひどいので、〝清潔感〟というふわっとした表現に言い換えているんです。無意識に、自責から他責に変換しているんですね。

じゃあ「清潔感がない」と言われてしまう男性は、どうすれば良いのか。

【容姿判定フィルター】で〝ナシ〟に分類される要素をすべて排除することです。

25ページで挙げた〈【恋のセンター試験】対策！　容姿改善方法の一例〉を1つでも多く実行してください。信じられないかもしれませんが、これらはすべて〝清潔感〟に直結します。〝ずっと無表情で目を合わせない〟という清潔さとはなんの関係もない行動が、女の「あの人って清潔感ないよね」を生み出しているんです。

美人が男性の容姿で見ている4つのポイント

あなたは自分好みの美人から、「私もあなたの容姿が好み！」と言われたことはありますか？

これを言われるのと言われないのとでは、その恋愛の充実度が大きく違います。これにより満たされる自己肯定感は、「あなたの性格が好き」とか「スペックが理想的」とか、そんな曖昧で打算的な好意では置き換えられないものだからです。

どんな容姿の男性に惹かれるかなんて、女はなかなか言いません。だから、この真実を知っておくことは、とても貴重です。「優しい人が好き」なんて建前、もう聞き飽きましたよね。

これからお伝えすることは、私がこれまで知り合ってきた祇園の美しいホステスたちが実際に語った、男性を選ぶ際に重視するポイントで、４つあります。

これは、21ページの〈【恋のセンター試験】容姿の減点ポイント10〉で〝アリ〟に分類したその先の、**【2番目のふるまい】**だと思ってください。

祇園ホステスたちが語った、男性をジャッジする【2番目のふるい】

目の大きさよりも、鼻の高さ&歯並び

〔自分よりも目の大きな男性〕と、〔自分よりも鼻の高い男性〕がいたらどちらと付き合いたいかと聞くと、**ほとんどの女性が〔鼻の高い男性〕を選ぶと答えました。**

細目で目付きの悪い男性にとっては大変喜ばしい事実だと思いますが、これはおそらく、既に自覚している（目が小さいのにモテている）人も多いと思います。

鼻と口元の骨格がきれいに整っていれば、向井理さんや星野源さんのように純日本人らしい素朴な目元であっても〝塩顔イケメン〟と呼ばれます。

逆に他のパーツは完璧でも、鼻が低く口元だけボコッとしていたら、生理的に無理だと判断する女性が多いようです。

特に歯並びは、〝清潔感〟にも直結する重要な要素です。できる限り整（ととの）えておきましょう。

2 整えすぎて細くなったヤンキーのような眉よりも、ナチュラルな太眉

眉毛って、顔に迫力を出せる唯一のパーツです。おそらく大半の女性は、整えすぎて細くなった眉に男性的な魅力を感じることはできません。

眉が濃いと目元が引き立つため、イケメン俳優と呼ばれる人たちはほとんどが太眉です。**男性は余計な手入れをしすぎていないナチュラルな太眉が1番。**その人の骨格に合った太眉は、顔全体を引き締めて魅力的に見せてくれます。今薄い人は、育毛剤を使って濃くしてみてください。顔の印象がかなり変わります。

とはいえ、もちろん伸ばしっぱなしの無法地帯のような眉は印象が悪くなります。ナチュラルさを残しつつも、きちんと手入れをするようにしましょう。

3 顔の隠れるマッシュヘアよりも、爽やかな短髪

最近流行り（はや）のマッシュヘアは、韓流アイドル好きのコアな女子には好評かもしれませんが、どうしても**万人ウケしません**。私が話を聞いたホステスたちは、みな口をそろえて「マッシュヘアがニガテ」と言っていました。

その理由は「前髪がモサモサ暑苦しくて、ヘルメットみたい」「流行りに流されてて男らしくない」「必死で顔を隠しててダサい、コンプレックス丸出し」と散々なものでしたが、彼女たちの言い分には私も同感です。

これはおそらく、男性から見た女子の〈姫カット〉に対する感想と同じなのだと思います（姫カット……前髪を分厚くまっすぐに切りそろえて、サイドの髪は顎の高さで切りそろえた髪型）。マッシュヘアも姫カットも、一部の層にはウケますが、個性が強くてどうしても万人ウケしない髪型です。

一方で、**多くの女性が好むのは、何の変哲もない短髪**。ビューティーナビが女性を対象に行った調査によると、彼氏・旦那にしてほしい髪型1位は〈爽（さわ）やかな短髪ヘア〉でした（ビューティーナビＬＩＮＥ＠「【男女必見♪】女性に聞いた彼氏・旦那にしてほしい！髪型ランキングＴＯＰ５」より）。

ちなみに、**髪色は黒一択**です。多くのイケメン若手俳優たちが、なぜ髪を染めないのか。それは、黒髪男子が嫌いな女はいないけど、茶髪男子を嫌う女は一定数いるからです。マイナビウーマンが22歳〜34歳の女性２０３人に行った調査の結果、「最も好印象な男性の髪色は？」という問いに、94％の女性が〈黒髪〉を選びました。残りの６％に賭けて髪を染めるのは、恋愛を放棄するのと同じです。

4 筋肉質がいい。でもそれより、自分の体にコンプレックスがないこと

女性が本能的に惹かれてしまうのは、しっかりとした筋肉のある男性。これは日本のほとんどの女性が……いや、世界中どの国の女性も、なんなら動物のメスでさえ求めていることです。体が大きくて力のある、たくましいオスが好き。やっぱり筋肉質な男性は、それだけで魅力的です。

しかし、**それ以上に重要なのが、男性本人がコンプレックスを持っていないこと**だと私は思います。自分の体に自信のない男性は、交際相手として相応しくありません。

私は過去にガリガリの男性と付き合っていたことがありますが、本人が体に大きなコンプレックスを持っており、数年間付き合っていて1度も一緒にお風呂に入ってくれませんでした。当時の私はそんなこと気にせず付き合ってたのに、彼は風呂は拒否るわ、隠れて着替えるわ、セックス中に電気は消したがるわ（女子か！）で大変疲れました。

別に体なんて、理想通りじゃなくてもいいんです。女が重視するところは他にいくらでもあります。だから、男性本人にはとにかくコンプレックスを持っていてほしくない。コンプレックスがあるのなら、自分で体を鍛えるなりなんなりして、とにかく払拭しておいてほしい。そうじゃないと迷惑です。

1番問題なのは、実際の体型よりも本人のコンプレックス（マインド）であることに間違いありません。そのため、世の男性はたとえ筋肉質でなくても、自分の体に自信を持つべきだと思います。


以上が、私が調査した〝美人が男性の容姿で見ている4つのポイント〟です。

もちろん、これらはすべての美人に当てはまる好みではありません。

しかし、多くの美人がこれらの特徴を持つ男性を求めていたことは事実。そのため、〝ある程度容姿の良い女性が男性の容姿で見ているポイント〟として、1つの指標になると思います。


ここまで、散々〝容姿〟について書いてきました。

「なんだよ、女が書く恋愛本って、結局見た目ばっかじゃん……」

「そんなんじゃなくて、もっと容姿に関係なく女を落とせるテクニックが知りたいのに！」

そう思われた方もいるかもしれません。


私がなぜここまで容姿について言及するかというと、痛感しているからです。**容姿に気**

を使っているか否かによって、恋愛の難易度はまったく違うということを。

男性側が同じ言動を取っていても、容姿が異なれば女性の反応はまるで違います。そんな様子を、働いているお店や多くの出会いの場で、もう何度も見てきたのです。

恋愛に容姿は超重要。しかも、その改善は自力でできる。

この章で私が言いたいことは、それだけです。

第1章

戦闘準備

まとめ

どんなに中身が良くても、見た目がダメなら試合終了

〝男は見た目じゃない〟という価値観は今すぐ捨てて、自分を磨こう。

女は〔良いところを見つけた男〕ではなく、〔悪いところを見つけられない男〕を好きになる

女のジャッジは減点方式。〝ナシ〟な項目を改善し、〔合格させざるを得ない男〕を目指そう。

勝負服は、ユニクロですべてそろえられる

モテるために〝俺らしさ〟は要らない。〝万人ウケ〟だけを狙おう。ユニクロは恋愛活動をする男子の〝制服〟。

〝清潔感〟とは、食事中に至近距離で見ても一切不快にならない顔のこと

実際に不潔かどうかなんて関係ない。女は自分の【容姿判定フィルター】で〝ナシ〟に分類した男のことを「清潔感がない」と言い換えている。

第2章

獲物を知る

恋愛は就職活動と同じ。
まずは自己分析から。

下手な鉄砲も数撃ちゃ当たりません

自分に彼女ができないことを、ただの不運だと思っていませんか？
彼女って、ある日突然目の前に現れるもんじゃありません。そんなの、**「就活（就職活動）してないのに内定が決まった」みたいなもん**です。世のカップルたちはみな、自分自身の行動（交際のためのアクション）に対するリターンを得ているだけ。

本気で恋愛をしたいのならば、「出会いがない」は禁句です。出会いなんか、そう簡単に転がってるはずがありません。人生の初期搭載品ではないんです。

出会いは自分でつくるものです。それはもう、作為的に。サークルで彼女をつくった人も、同じ会社の同期と結婚した人も、みんな〝そのコミュニティに入る〟というアクションによって出会いをつくり出しています。人が環境を変えるときって、出会いのボーナスタイムとも呼べる大チャンスなんですよ。

そうは言っても、今さら環境なんて変えられないよ……という方。そんな方は、他の方法で出会いをつくり出すしかありません。

恋人を見つけるために、あなたはどんなアクションを起こしますか？

でもその前に、1つだけ考えてほしいことがあります。

それは〝**自分はどんな異性を求めているのか？**〟ということ。これをしっかり把握しておかないと、恋愛はなかなかうまくいきません。

自己分析をしないまま就活を始めても、内定はもちろん、ちゃんと勤め続けられる職場に巡り会えないのと同じです。

「とりあえず適当に受けて食品会社の営業職に採用されたけど、よく考えたら俺、食品会社にも営業職にも興味なかったわ……」ってことになります。

実はこの手の行動をしてしまっている人は、男女ともにかなり多いです。婚活パーティーに来るような異性は嫌いなのに婚活パーティーに通っていたり、誠実な相手と付き合いたいのにナイトクラブで恋人探しをしていたりします（かつての私もそうでした）。出会いに飢えて、無駄な鉄砲をバンバン撃ちまくってるわけですね。

そんな時間を省きたければ、自己分析は欠かせません。

そこで本章では、私が考える【良い恋愛を手にするために必要な自己分析の方法】を紹介します。

“自己分析”をしない恋愛活動は、成功率が低すぎる

就活における自己分析とは、自分自身にどんな仕事が向いているのか、またどんな働き方をしたいと思っているのか、**適性や条件面を洗い出す作業**ですよね。

通常は、本格的な就職活動を始める前に行います。多くの場合、その後の人生設計（キャリアプラン）なども含めて、長期的な視点で考えるものです。

自らの長所・短所、希望の業種・職種、勤務地・給与額・勤務形態・業務内容・福利厚生・社風……。このあたりをしっかり考えて職探しを始めることが、就活の第一歩なわけです。自己分析がしっかりできていない就活は、軸がブレてうまくいきません。

「よし、自分はとにかく人と話すのが好きだから、コンビニ店員・不動産・ケーキ屋さん・商社営業の4つの仕事を志望しよう！」

こういった就活はブレブレなわけです。結果、コンビニ店員はよく見ると契約社員、不動産は土日出勤、ケーキ屋さんは住宅手当が出ない……という希望と異なる点が次々に発覚し、内定を辞退することになります。

「正社員雇用で、土日は休み、住宅手当はこれくらいほしい」という自分の希望をしっかり洗い出していなかったばっかりに起こる悲劇です。もちろん、失った時間は返ってきません。

商社の営業はあらゆる条件が合っていたかもしれないけれど、自己分析と企業分析が不充分だったばっかりに、「この人には熱意がない」「自分のやりたいことが定まっていない」「別にうちじゃなくてもいいんじゃないか……」と面接官に感じ取られて、落とされてしまいました。

これを恋愛に置き換えると、次のようになります。

「自分はとにかく目が大きくて可愛い子が好きだから、手当たり次第に目が大きくて可愛い子を狙おう！」

そうして目が大きい４人の女性とのデートに漕ぎ着けました。

しかし、１人目の女性は金遣いが荒く、よく見ると持ち物はすべてブランド品。３回目のデートで、ついにあなたに高級バッグをねだってきました。２人目の女性は倹約家でしたが、実は長年働いておらず、無収入ゆえに「誰でも良いからテキトーな男と結婚して養われたい」と思っていることが判明しました。3人目の女性は男にだらしない性格で、毎晩違う男の部屋に帰っていきます。

女性の目の大きさしか見ておらず、これらの特性に気付けなかったあなたは、数ヶ月間のデートを重ねた末にこの3人との連絡を断ちました。

「金銭感覚が普通で、きちんと自立していて、浮気をしないタイプ」という自分の希望をしっかり洗い出していなかったばっかりに起こった悲劇です。もちろん、失った時間とお金は返ってきません。

一方で、4人目の女性はあらゆる条件が合っていたかもしれないけれど、毎日違う女性とのデートに忙しいあなたの様子に愛想を尽かして離れていきました。そもそも普段の会話から、**「あ、この人は別に私じゃなくてもいいんだ」**ということを、彼女は感じ取っていたようです。

自分の本当の好みを知り、効率的に行動することは、いい交際を手に入れるために必ずやるべき下準備です。

〝下手な鉄砲も数撃ちゃ当たる〟戦法は、本当に狙うべきターゲットをみすみす逃してしまいます。

【恋愛シラバス】で自分の好みを明確にしよう

「恋人をつくりたいなら、まずは自分の好みを紙に書き出すこと」——数年前、恋人がいなかった私は、こんなネット記事に辿り着きました。そこには、「目標はボンヤリ思い描くのではなく、明確に可視化したほうが現実になりやすい」という、どこかで聞いたことのある理論が綴られていました。

確かに、仕事でも社員に「目標シート」を書かせている会社は多いですし、日記を付けている人のほうが夢が叶いやすいとも言います。

そこで私は、**恋人にしたい異性の特徴をまとめた【恋愛シラバス】**の作成に取りかかりました。

シラバスとは、講義要項のこと。各大学で開講される授業の概要をまとめたもので、講義の名前・内容・スケジュール・講義者名・参考書・授業の達成目標・評価基準などが記されています。

つまりシラバスを見れば、

【その講義の目的は何なのか】
【どんなスケジュールで進行するのか】
【どんな基準で評価するのか】

などが、しっかり書かれているわけです。
このシラバスの構造は、そのまま恋愛にも使えるぞ……と思った私は、

【恋愛活動の目的は何なのか】
【どんなスケジュールで行動するのか】
【どんな基準で異性を評価するのか】

などを書き出すことに決めました。

ここで、かつて私が作成した【恋愛シラバス】のテンプレートを紹介します。具体的な使い方に沿って、あなたも自分だけのシラバスを作成してみてください。

図3. 書き込み式：恋愛シラバスのテンプレート

＿＿＿＿＿＿＿＿の恋愛シラバス

目的	

活動スケジュール

要素	求める基準	配点

これで獲物は間違えない！【恋愛シラバス】のつくり方

目的を設定しよう

あなたがこの本を手に取った目的はなんですか？

「彼女をつくる」「結婚相手を見つける」「女友だちを増やす」「セフレ（セックスフレンド）をつくる」……、人によって様々だと思います。

まずは、これから活動する目的を設定してください。この**目的を明確にしておかないと、行動がすべてブレてなかなか成功しません。**

「本当は彼女がほしかったはずなのに、気付いたらセフレばかりができている……」「結婚がしたいはずなのに、合コンをすること自体が目的になっている……」みたいな人、もうたくさん見てきました。そしてもちろん、私自身もその状態に陥ったことがあります。

目先の目標である〝相手を落とすこと〟や〝合コンを盛り上げること〟を意識しすぎるあまり、それがそのままゴールになってしまうんです。それでは意味がありません。だから、最初に**シラバスをつくって、中長期的な目標を設定しておくことが重要**なんです。

目的の一例

- 好みの女性と2人で淀川花火大会に行く
- クリスマスまでに彼女をつくり、2人でイルミネーションを見に行く
- 一人暮らしをする残り1年間で、結婚相手を見つける

2 活動スケジュールを書き出そう

目的は掲げたものの、「半年間なんにもしませんでした」なんて受け身な姿勢は許しません。そんなラッキー待ちは植物と一緒です。「あ、虫さんが花粉運んでくれた〜」じゃダメなんです。人間は動物なので、自分で動いて獲物を捕まえてください。

そこで、**目的には期限を決めます**。でないと、なかなか行動に移せないからです。

でも、達成できなくても大丈夫。その際は反省点を分析しつつ、新たな期限の再設定や、目的の見直しをすればいいだけです。

では実際に、計画を立ててみましょう。彼女や結婚相手を見つけるために、いつまでに、どんなアクションを起こしていくのかを書き出します。

書き方としては、「週に1回は出会いの場に行く」「今月中に3人の女性と連絡先を交換する」など、**スケジュールに具体的な数字を入れることを意識**してください。

そして、スケジュールは時折、見返しましょう。活動していくうちに自分の得意なスタイルが定まり、組み立て方が変わってくるからです。

でも、たまに見返すからといって、あまり短い期限で細切れに組むのは良くありません。中長期的に1度は組んでおかないと、〝最終目的〟ではなく〝目先の目的〟だけで動いてしまうからです。3ヶ月～半年先までの活動内容を組んでおきましょう。

活動スケジュールの一例

【7月】夏休みを利用して自分の容姿を改善する
【8月】既に連絡先を知っている女友だち5人とサシで飲みに行く（誘い方、会話の練習）
【9月】初対面の女性と話すことに慣れるため、毎週金曜日に相席屋とHUBへ行く／土日はマッチングアプリでデート相手を探す
【10月】相席屋・HUB・アプリで知り合った女性と合コンを3回開く
【11月】これまで知り合った女性の中から、好みの相手をデートに誘う
【12月】デートを重ねて、1番好きになった相手に告白する

3 要素・求める基準・配点を設定する

ここには、**自分が恋人に求める要素を10項目**書き出します。

思いついた順で構いません。「こういう人であってほしいな」という理想を思い描きながら、外見的要素・内面的要素ともにしっかり洗い出していきます。このとき、各項目の重要度（配点）も考えながら書いてください。もちろん、多少理想が高くても構いません。

たとえば、とある男性Aくんの理想の女性像がこんな感じだったとしましょう。

Aくんが恋人に求める要素の一例

- 顔が可愛くて、黒髪の清楚系（重要）
- 食の好みが合い、お酒が飲める（重要）
- 趣味が近くて話が合う
- マジメに働いている
- セックスの相性が良い
- 金銭感覚が近く、ブランドバッグなどの贅沢品（ぜいたくひん）を好まない
- 料理がうまく、味付けがやや濃い

・性格が優しく、ゆっくり話してくれる
・短大卒以上の学歴（できれば）
・年齢は同級生がいいが、自分の±3歳程度ならOK（できれば）

これらの要素をシラバスに書き起こすと、こうなります（p53図4）。

この表（恋愛シラバス）が、**あなたが恋愛をする上での基準**になります。基準がなければ、正確で正しい判断はできません。先ほどの例で言えば、「目が大きい子」という1つの要素に囚われて執着し、判断を誤ることにもなりかねません。

恋愛を日常にしたければ、目の前の異性が〝自分の理想〟とどれくらい合致しているか、常に計測する癖をつけてください。

ちなみに私（こしき）の場合、恋人に求める条件としてこのような10要素を設定しています（p54図5）。自分で言うのもなんですが、私の趣味・嗜好に大きな偏りはないと思うので、「20代の女子が恋人に求める条件」の一例として、参考になるかもしれません。

図4．Aくんの恋愛シラバス

Aくん　の恋愛シラバス

目的	クリスマスまでに彼女をつくり、2人で夜景を見に行く

活動スケジュール

【7月】夏休みを利用して自分の容姿を改善する
【8月】既に連絡先を知っている女友だち5人とサシで飲みに行く
【9月】初対面の女性と話すことに慣れるため、毎週金曜日に相席屋とHUBへ行く／土日はマッチングアプリでデート相手を探す
【10月】相席屋・HUB・アプリで知り合った女性と合コンを3回開く
【11月】これまで知り合った女性の中から、好みの相手をデートに誘う
【12月】デートを重ねて、1番好きになった相手に告白する

要素	求める基準	配点
容姿	黒髪、清楚、可愛い系	15
食	好きな食べ物が同じで、お酒が好き	15
趣味	好きなバンドのライブに一緒に行ける	10
職業	きちんと働いていればバイトでも良い	10
セックス	相性が良く、することを嫌がらない	10
金銭感覚	ブランド品に興味がなく、散財しない	10
家事	料理がうまい（味付けが濃いとなお良し）	10
性格	人に優しい、話し方がゆっくり	10
学歴	短大卒以上	5
年齢	±3歳程度（同級生だとなお良し）	5

図5．こしきの恋愛シラバス

の恋愛シラバス

要素	求める基準	配点
賢さ	学歴は不要、地頭が良く会話がかみ合う	10
面白さ	ことばのチョイスがうまく、静かに笑いを取る	10
顔	パーツがハッキリしていて男性的	10
体	私よりも背が高く、筋肉質	10
年齢	同世代（自分の年齢±3才くらい）	10
金銭感覚	ギャンブルをせず、高級品を買わない	10
価値観	考え方が近い	10
家族仲	良好、家族のグループLINEがあるとなお良し	10
職業	正社員（職種や給与額は問わない）	10
セックス	タフでしっかり性欲があること（レスは嫌）	10

【成績表】でターゲットを得点付け

【恋愛シラバス】で自分の採点基準を決めたら、【成績表】を使って出会った異性を得点付けします。

先ほどのシラバスに書いた〝求める基準〟と見比べながら、ターゲットがどのような要素を持っているかを簡潔にまとめていきましょう。

このとき**注意してほしいのは、基準に固執しすぎないこと**。

たとえば、〝容姿〟の理想が「黒髪・清楚・可愛い系」だったとします。では茶髪の女性は有無を言わさず0点かと言えば、そうではありません。

「理想通りのルックスではないけど、まぁ好きなほうだな」という自分の感覚を得点にしてください。

10項目すべての得点を付け終えたら、最後に合計点を算出します。

このとき、**60点以上なら迷わず合格（彼女候補）にしてください**。その理由は次の項で解説します。

図6．AくんのBちゃんへの評価【成績表】

成績表

採点者名：　Aくん　　　対象者名：　Bちゃん

要素	本人の素質	得点
容姿	茶髪で少しギャルっぽいが、女性らしい雰囲気	8
食	好き嫌いがやや多いが、お酒は好き	9
趣味	ライブ好きではないが、興味はある	5
職業	看護師◎	10
セックス	まだ不明	5
金銭感覚	ブランド物は持っていない様子	8
家事	料理はあまりしない	2
性格	看護師らしく穏やかで優しい	9
学歴	4大卒	5
年齢	1つ年上	4
総合判定	交際相手としてアリ	65

図7．書き込み式：気になる異性の【成績表】テンプレート

成績表

採点者名：　　　　　　対象者名：

要素	本人の素質	得点
総合判定		

この表をコピーして、気になる異性の成績表をつくってみよう！

60点以上なら迷わず攻めろ

この【恋愛シラバス】で異性に対する採点基準をつくったあなたは、とにかくこのことばを胸に刻んでください。

《60点以上なら迷わず攻めろ》

10項目で、合計60点以上。つまり、各項目は平均6点です。

えっ、そんなの低くない？　全然理想通りじゃないじゃん……と思った方もいるかもしれませんが、そうなんです。

実際に採点してみると分かると思いますが、**60点以上の異性って滅多にいません**（もちろん、その人の理想の高さや採点基準の甘さにもよりますが）。

私の場合、歴代の交際相手（元カレ）たちを当てはめて採点した結果、そのほとんどが60点程度でした。

ある飲み会でこの採点表の話をしたところ、友人たちが「自分もやってみたい！」と興味を持ってくれました。そこで同じように得点付けをしてもらった結果、交際相手のいる男女はもちろん、既に結婚している人たちまで、ほとんどの男女が相手のことを50～70点だと評価しました。

つまり、**本当にすべてが理想的な人間なんて、この世に存在しない**んです。自分の理想が叶うのは、せいぜい60％くらい。

なので、まずは60点くらいの女性と付き合うことを目標にしてください。

交際した結果、彼女の美意識に磨きがかかり、もっと可愛くなるかもしれません。料理がうまくなったり、話が合うようになったりして、点数が上がっていく可能性は充分にあります。

《60点以上の女と出会ったら、必ずアクションを起こす》

これを自分のルールにしてください。

最初から100点満点の女なんかいません。まずはその現実をしっかりと認識し、自分の理想を半分くらい満たした女性を見つけてみましょう。

好みが分かれば、同時進行もスムーズで、継続させやすい

【恋愛シラバス】と【成績表】によって、自分の理想と現実をしっかり把握できるようになったあなたは、既に、ある**1つのワザを身に付けています**。

それは**【恋の同時進行】**です。

【恋愛シラバス】で自分の目的や行動を可視化したことで、あなたは花粉を運ぶ虫さん待ちの〔植物〕から、能動的に動くことのできる〔動物〕に進化しています。

さらに、【成績表】を通して相手を見ることで、《60点以上の異性には必ずアクションを起こす》という半強制的な行動力も手に入れています。

これによって起こるのが、「60点以上の女性が複数人出てきて困る」という事態です。

そんなとき、あなたは最も自分好みの女性1人にターゲットを絞る必要はありません。**60点以上の女性、全員とデートをします**。つまり、複数の女性との関係を同時に進めていくんです。

とはいえ、あまりに数が多すぎるのは問題があります。60点以上の女性が3人以上出た場合は、点数の高い順からデートに誘い、ターゲットを3人以下に絞ってください。

しかし、3人同時並行でデートを重ねていくとなると、ある1つの懸念（けねん）が生まれます。それは、先ほどの「目の大きな女性」の例（p44参照）で挙げたように、女性から「あ、この人は別に私じゃなくてもいいんだ」と勘付かれてしまうことです。

しかし、今やそんな心配は要りません。【恋愛シラバス】で自分の好みをしっかり把握し、【成績表】で採点を済ませたあなたは、既に相手の価値をしっかり分かっているからです。

たとえば「目が大きいから」という、相手のただ1点のみを好きになったわけじゃありません。そんなものには代わりがいます。

そうではなくて、**「多くの女性と比較検討した結果、トップ3に入るほど理想的な相手だった」という事実が、あなたの言動を変えてくれます。今のあなたは相手の良いところをいくらでも言えるし、丁寧に接しようとする姿勢が自然と身に付いているんです。**

異性を採点するなんてすごく失礼なことですが、比較検討したという事実をあえて自分に感じさせ、利用するのがこの方法です。

違いの分かる男になろう

好みの女性とのデートでは、「いろんな女性を見てきたけど、キミはこういうところが素晴らしい」「俺の人生で最高レベルの理想具合」とか伝えてしまうのもいいと思います。

これは完全に女目線の感覚ですが、目の前の男性が自分にどれくらいの価値を感じているかなんて、女は分かっているんです。そのため、**女はただがむしゃらに手当たり次第に声をかける、ナンパのような行動を嫌います。**

でも、女に一切興味がなくて、恋愛に縁のない超消極的な男性もニガテです。他の女としっかり比較した結果、それでも自分を求めてくれる男性のことが好きなんです。

これは男女関係なく、人間誰しもが持っている願望かもしれません。

たとえば、あなたは好きな異性に手料理のアヒージョ(スペインの煮込み料理の1つ)を振る舞ったとします。現地から取り寄せたオリーブオイルに、こだわり産地の魚介類をふんだんに使った、他の人には真似できない自分で考えたオリジナルレシピです。

それを食べた相手の感想が、次の3パターンだったとします。

A「アヒージョって本当においしいね。味の違いは分からないけど」
B「アヒージョを食べたのは初めてだけど、意外とおいしい食べ物なんだね」
C「いろんなアヒージョを食べてきたけど、あなたのアヒージョは絶品だね」

どれが1番嬉しいですか？

味音痴で違いが分からない人、初めてだから比較のしようがない人、きちんと違いの分かる人。

女の違いが分かる男になりましょう。

常に比較し、〔自分の好きな女性ランキング〕を更新し続けられるようになれば、優先順位を間違うこともないので、デートの同時進行もスムーズで継続させやすくなります。

第2章

獲物を知る

まとめ

下手な鉄砲、数を撃っても当たらない

当たったとしても、全然好みじゃない人ばっか。無駄な時間を省くためにも、しっかり自己分析しよう。

【恋愛シラバス】で自分の好みを明確にしよう

〔恋愛活動の目的は何なのか〕〔どんなスケジュールで行動するのか〕〔どんな基準で異性を評価するのか〕しっかり書き出して可視化すること。

60点以上なら迷わず攻めろ

最初から100点満点の女なんかいない。自分の理想を半分くらい満たす女に出会ったら、必ずアクションを起こそう。

恋を同時進行しよう

60点以上の女、全員とデートをしよう（ただし、上限は3人程度）。しっかり比較し〔違いの分かる男〕を目指す。

第3章

いざ、狩り（ハンティング）へ！

恋愛本のほぼすべてが、
デタラメばかり書いている。

今や、24時間365日、トイレでも彼女が見つかる時代

今の時代の恋愛は、10年前だと考えられない世界です。インターネットで知り合った人と恋愛をしたって、堂々と公言できる。後ろ指を指されない。マッチングアプリで出会いを探す人の数だって、もうめちゃくちゃ多いです。

つまり、今や世の中の男女は、**24時間365日、家のトイレの中でさえも異性と出会える環境を与えられているん**です。これはこの地球が誕生してから今日まで、1度も訪れなかったレベルの、超恵まれた環境です。

それなのに、あなたの異性関係がどうして充実していないのか。今からズバリ、その理由を言います。それは、

- **身の回りに異性がいない**（環境的要因）
- **身の回りの異性に関係を迫ったら、周りの人からどう思われるか分からないのでアクションを起こせない**（精神的要因）

このどちらかではないでしょうか。

マッチングアプリというツールは、この両方の悩みを1度に解決できてしまいます。

一方で、この本を読んでいる人の中には、こう思っている人も多いかもしれません。


「アプリで人工的に出会うなんて嫌だ！」


うん、めちゃくちゃ分かります。だって実際、私自身もそうでしたもん。私は常に自分が所属するコミュニティの中で彼氏をつくりたいほうなので、それがうまくいかないときは年単位で（それこそ進学などで環境が変わるまで）恋人ができませんでした。

でもそれって、すごくもったいない生き方だったなって思います。自分の妙なこだわりのせいで、若い時期の恋愛に制限を設けてしまうなんて、せっかくセンスのいい靴を買ったのに「汚れるから履かない」と言っているのと同じです。

それで恋愛ができないと嘆き、恋愛本に手を伸ばすくらいなら、さっさとアプリに登録して何かしらのアクションを起こしたほうがマシです。そこで彼女をつくらなくとも、女性関係に慣れておく練習台にすれば良し。

それでもどうしてもアプリで彼女をつくることに抵抗がある人は、アプリで知り合った女性に頼んで飲み会や合コンを開いてもらいましょう。そうすれば、人工的な出会いのループから抜け出せます。

とにかくこの本を読んだからには、**自分のスマホにマッチングアプリを今すぐ入れてください。**出会いのタイムロスが減ります。

次項からは、実際にあらゆるアプリを使用した私が考える【女目線のマッチングアプリ攻略法】をお伝えします。

9千人をジャッジした私が考える【女目線のマッチングアプリ攻略法】

マッチングアプリで男性が立ち向かうべき第一関門は、女性とマッチングすることです。

おそらくほとんどの男性は、大半の女性に対して見境（みさかい）なく「いいね」を送っています。好みかどうかを判断するより先に、マッチングすることのほうが重要だからです。とにかくマッチングしなければ、せっかく払ったアプリの会費がすべて無駄になってしまいます。

かたや、**女性のほうは、ハンパない数の「いいね」が来るので、結構好みの男性じゃないとわざわざ「いいね」を返しません。**

じゃあその基準は何なのか？　女はどういう男性に「いいね」を返すのか？　一次面接（マッチング）の基準について、かつてマッチングアプリで9千人以上の男性をジャッジした私が感じたことを解説します。

女が「絶対にマッチしたくない」と感じる男性の写真6パターン

まず、女側がいくら「いいね」をもらっても絶対にムリだと感じる（マッチしたくない）男性の写真の特徴を挙げます。

女目線で「絶対にムリ」な写真

①自撮り

図8．著者がNGだと考えるプロフィール写真の例

②キメ顔
③SNOWなどの加工写真（かなり多い）
④全体的に白っぽくボヤけた写真（加工を疑う）
⑤顔の上にプロフィール文などが被っている

マッチングアプリ上で人気のある女は、毎日とんでもない数の「いいね」を受け取ります。そのため、1人の男性の合否を判断する時間は約0・5秒。**ごまかしてる感があったら即アウト**です。

顔がプロフィール文で隠れているからといって、わざわざクリックして見たりはしません。面倒臭いのでサヨウナラです。

企業が物やサービスを売る場合、客の手

に取ってもらいやすいマーケティング戦略を行いますよね。それはマッチングアプリでも同じ。よって、とにかく鮮明かつ瞬間的に「いいね」と思われる写真選びが重要です。

一方で、こんなNGケースもあります。これが6つ目のNGです。

⑥モデル気取り

「えっ、カメラマンに依頼して撮ってもらったの⁉　何この街角スナップショットみたいなガチ写真……。マッチングアプリに全力投球かよ！」ってドン引きしてしまいます。女側の気持ちとしては、出会い探しは片手間にやってほしいのです。

もちろん、内心は全力でも構いません。でもそれを見せたらダメなんです。その姿は女から見ると、**「ただの飢えた男」「必死すぎてダサい」「どんだけモテないんだよ（笑）」**になります。

初心者でもマッチしやすい！プロフィール写真の選び方

マッチングアプリで最も重要なのは、ズバリ〝写真選び〟です。

私のオススメは、**自分の最も自信のあるパーツを強調or自信のないパーツをカバー**している写真を使うこと。

これだけで、マッチ率はグッと上がると思います。

A）パーツ〝強調〟スタイル

自信のあるパーツを強調するスタイルです。

鼻筋（はなすじ）（眉間（みけん）から鼻先までの線）が少しでも整っている男性は、斜め45度の写真を使いましょう（p73写真1が一例）。目元に自信のある男性は目元を、横顔に自信のある男性は横顔を強調した写真を選んでください。

写真1. パーツ"強調"スタイルの例

写真2. パーツ"カバー"スタイルの例

B）パーツ〝カバー〟スタイル

自信のないパーツをカバーするスタイルです。

たとえば、一重で目が小さい男性は、笑顔の横顔、もしくは伏し目（視線を下に向けた状態）の写真を使いましょう（p73写真2が一例）。

そしてとにかく、写真そのものは〝あからさまにごまかしていないもの〟がいいです。

前述の通り、SNOWや加工アプリを使ったふんわり写真、遠目でボヤけた写真などは、「なに必死でごまかしとんねん、素材悪いんか？」と感じてしまいます。

〝ごまかさない〟といっても、ブサメンやオジ様の〝ドアップ鮮明写真〟は逆効果。

じゃあどんな写真がいいかというと、これは人によるので、それぞれ書き出します。

階層別！　プロフィール写真のススメ

▼顔に自信がある男性

ただの笑顔の他撮り（自分以外の人に撮ってもらった）写真で良し。ただし、真顔や盛りすぎは逆効果（ホスト感・近付きにくい感・騙されそう感・ナルシスト感が出て敬遠される）。

▼**普通レベルの男性**
自分が1番良く見えるナチュラルな他撮り、パーツ〝強調〟スタイル（p73写真1を参照）。

▼**顔に自信がない男性**
自分が1番良く見えるナチュラルな他撮り、パーツ〝カバー〟スタイル（p73写真2を参照）。

▼**40代以上の男性**
スーツ姿の全身写真（若い女からすると、オジ様のドアップや私服姿は、年齢差を感じやすい）。

また、これはすべての写真に言えることですが、**必ず〝何かをしているワンシーン〟を切り取った写真を使ってください。**

1人でポーズを取って「マッチするためにわざわざ撮影してきました！」というヤル気満々の写真は、どうしても引いてしまいます。安心感を与えるためにも、見た人がシチュエーションをすぐに説明できるような写真を選んでください。

アプリを見ていると、「ウソでしょ……」「冷やかしか？」ってレベルの写真をよく見かけます。そんなんでマッチングは無理だろ……って写真。

「信じられないくらいブサイクで、自分の魅せ方なんてものは生涯考えたことありませんけど、僕は美女がほしいです、よろしく！」って感じの男性。

正直、マッチングアプリに登録している男性の過半数がこれです。レベルが低すぎる。

なので、逆に**写真選びを少し工夫するだけで、マッチ率は大幅にアップする**と思います。

こんなプロフィール文の男性とマッチしたい

結局のところプロフィールって《シンプル・イズ・ベスト》なんです。

長文の必死な自己紹介（最近の流行りのようですね）は、確かに誠実さは伝わるけれど、完全に〈**アプリに入り浸ってる奴**〉〈**アプリでしか出会いがないから、必死で書いちゃってる奴**〉、**つまりアプリガチ勢**だと認識します。

「こんにちは！　プロフィールを見てもらってありがとうございます！　名前はゆうやって言います。仕事は市内で保険の営業をしています。出会いがないと嘆いていたところ、友人に薦められたので登録してみました。地元は神奈川ですが、半年前に仕事で関西に越してきたばかりです！　趣味は読書と映画鑑賞、それから最近ボルダリングを始めました。居酒屋巡りも大好きで、行きつけのお店を探しています！　お酒は結構好きですが、飲みに行く相手がいないので、そちらも募集中です（笑）大学では経済学を専攻していましたが、実際は勉強よりもフットサルサークルでの活動ばかりを……」

うん、もういいです。分かりました。ゆうやくんがマッチングアプリでの活動に全力なのは分かりました。

あなたはこれを読んで、どう感じましたか？

男性が〔アプリに入り浸って必死で男漁り（あさ）をしている女〕よりも、〔滅多に登録しない仕事や趣味を大事にする女〕を好むように、女もアプリガチ勢の男性を敬遠します。なんか痛々しいからです。

〝たまたま登録したけど今月で無料期間が終わるし、すぐ辞めるよ〟くらいのテンションがベストです。

だから**プロフィールも写真と同様、気合を入れすぎてないほうがいい。**

過度な長文はアプリ慣れしていない女性ほどドン引きしてしまうし、**現実世界でモテないことをアピール**してしまいます。

私が惹かれるプロフィール文の一例

「大阪市内で働く会社員です。ハシゴ酒とラーメンが大好きです。」
「三人兄弟の真ん中です。平日夜も空いてます。市内で飲みましょう。」
「○○の仕事をしています。○○な方と仲良くなれればと思って登録しました！」

プロフィール文は短文でスパンと、シンプル・イズ・ベスト。

もちろんターゲットとする女性の年齢や特徴にもよりますが、20代の私や周囲の女性たちからの感想としては、男性のがっちりつくり込まれたプロフィール文は重くて大変不評です。少しだけ、〝軽さ〟を意識してみてください。

直球で「今日会おうよ」でいいのはなぜ？

マッチングアプリに慣れ切っている男性は、すぐに大量の質問をしてきます。


「どこに住んでるの？」

「職業は？」

「土日は何をやってるの？」

「趣味は？」

…


でも、これって逆効果です。


〝とにかく相手との共通点や話題を早急につくりたい！〟

〝質問攻めで逃げられなくして、既読スルーを防ぎたい！！〟

〝とにかくやりとりを続けて、なんとかアポにつなげたい！！！〟

こんな必死な気持ちが見え隠れしていて、女からすると、とっても面倒臭いんです。「まだ会ってもない他人にそこまで開示しなきゃいけないの？　怖い……」って感じです。だって**アプリって、みんな会うためにやってるでしょ**。ダラダラとメッセージを続けるためでも、知らない奴の個人情報を集めまくるためでもないでしょ。自分に何のメリットもない無駄な質問に答えてあげる時間は、女からするとにかく苦痛です。

それなのに、アプリユーザーの男性の大半が、全然誘ってこないんです。みんな無駄な会話にとにかく時間を割くだけで、なかなか「会おう」と言ってきません。

「早い段階で女を食事に誘っても、どうせ失敗する」という先入観があるのだと思います。違うんですよね。女だって、知らない人とサクッと出会ってデートがしたいから登録してるんです。互いに顔とプロフィールを見てマッチしたのに、「とりあえず会おう」と誘ってこないのは、かなりの違和感です。

気になる女性を見つけたら、無駄な質問はやめてさっさとデートに誘いましょう。

このタイミングで送れば、相手からの返信率は上がる

メッセージを送るタイミングは、**オンライン時がベスト**です。〝今まさに暇!〟という瞬間に送ることで、返信率は格段にアップします。

ただ、相手がいつオンラインになるかは、運です。とはいえ何度かやりとりしていれば、オンラインになりやすい曜日や時間帯が見えてきます(「平日の22時以降」「土曜日のお昼頃」といった感じで)。

なぜそこまでオンライン時にこだわるかというと、**マッチングアプリをしている女性は、男性からのメッセージを日々大量に受け取っている**からです。

受け取ったメッセージは、新しい順に並びます。

つまり、オフライン時に送ったメッセージは、次にその女性がアプリを開くまでの間、他の男性たちのメッセージに押されてどんどん下に下がっていってしまうのです。要は、埋もれるということ。

さらに、メッセージは気付くまでの時間に比例して、無視する罪悪感が薄れます。2年前にもらっていたLINEの返信を忘れていることに気付いたところで、もはや罪悪感は感じませんよね。

私はこれを**時効**と呼んでいます。

メッセージをスルーする時効は、人気のある女性であればあるほど短くなります。私の場合、送られてきて3時間以上経って気付いたメッセージには、もう返信しません。リアルタイムで大量のメッセージが送られてくる中、過去のやりとりには意味も興味もないからです。

女友だちとLINEをしていると、急に返信が来なくなることがよくあります。女友だち同士であっても、時効って存在するんですよね。

マッチングアプリは、タイミングをロクに考えないで使っていると、すぐに時効を迎えてしまいます。

メッセージはできる限り、相手がオンラインのときに送るようにしてください。

メッセージなんて、「きれいだ会いたい飯行こ！」だけで充分

「すごく美人ですね。お誘いが多くて人気者だと思いますが、もしお時間合えば飲みに行きたいです！」

これは、私が実際に会った男性から1通目に送られてきたメッセージです。

たったこれだけでいいんです。**シンプルかつストレート**に。無駄な御託（ごたく）は要りません。

「きれいだ会いたい飯行こ！」

本来これだけで充分のはずです。**何ヶ月間メッセージを重ねても、直接会う1分間には敵いません。**

特に人気のある女性は、多くの男性経験からこのことを分かっています。

メッセージでよくあるミス5選

実際に私がよく受けていた「ないわー」というメッセージ5タイプを紹介します。男性も、こんなメッセージばかりを大量に受け取ったらどう感じるかを考えながら読んでみてください。

【1】君の名は。タイプ

マッチした男性の3割がこれです。なぜか突然、呼び方を聞いてきます。

男　マッチありがと！　太郎っていいます。よろしく☆

女　よろしくお願いします♪

男　**お名前なんて呼んだらいいですか？**

いや、プロフィールに書いてあるよ。〝呼び捨て〟にするか〝ちゃん付け〟にするかってこと？ そんなの自分で決めてください。

そもそも相手の呼び方すら自分で決められない人間が、選択の連続である人生をどう生きているのか、大変謎です。というか、普通に「○○さん」とか「○○ちゃん」で良くないか？ それとも、アプリに載せていない本名のフルネームが知りたいの？

要領が悪い（つまり面倒臭い）人間だと判断するので、私は呼び方を聞かれた男性にはメッセージを返さないようにしています。

【2】特定班タイプ

マッチした男性の5割がこれです。なぜか執拗に住所を聞いてきます。

男　こんばんは。はじめましてー！　どこに住んでますか？

女　京都です！

男

京都のどこですか？

女

市内です

男

市内のどの辺りですか？

女

そ、それは会ってからお話ししますね……

都道府県、都市名とそこまで聞くのは百歩譲って良いとして、その先の町名（市内のどの辺りか）まで聞いてくる男性がめちゃくちゃ多いです。

それを知ってどうするんでしょうか？ まだネット上で出会って5秒、会ったこともない人に、自分の個人情報をそこまで提供しなければならないなんて、女からすると怖すぎます。

自分の家の場所を詮索されて、嬉しい女性はいません（男性だってそうですよね）。相手の詳細な個人情報を探るようなメッセージは送らないよう、注意してください。

【3】職務質問タイプ

次から次へと質問がきます。程度の差はあれど、大半の男性がこれです。

男　普段、土日は何されてるんですか？

女　普通に飲み行ったり、家にいたりです！

男　どんな仕事をされているんですか？

女　プロフィールに書いている通り、学生です

男　そうなんですね！　最近引っ越してきたって書かれてましたが、どこから越してきたんですか？

女　**職務質問みたいですね**💦　それは仲良くなってから……

男

あ、ごめんなさい（笑）　ところで趣味はなんですか？

「仕事は？」「どこから引っ越してきたの？」「趣味は？」……って、もういいでしょ。会ったときに話すこと、全部消費してます。もう**会う意味ない**です。こっちは尋問されているような気分で、大変疲れます。

【4】俺様タイプ

こちらは、「急募！　今日これから飲める人」という募集に対して実際に送られてきたメッセージです。

男

はじめまして！　良かったら今から遊んでみません？

今、河原町にいます！　来れますか？

女

男　車で行きます（笑）

女　え、飲まないんですか？

男　車はパーキングに停めるし。**飲んでどっか泊まるわ**

女　じゃあまたの機会に行きましょう。電車のあるときで……

男　もう河原町に着くし、**家まで車で送ろうか？**

女　電車で帰るので大丈夫です……

飲みに行こうというのに、なぜか車に連れ込もうとしてきます。**マトモな神経をしている女は、ネット上で出会った初対面の男性の車にノコノコ乗ったりはしません。急なタメ口も、馴れ馴れしくてマナーを疑ってしまいます。**

【5】生き急ぎタイプ

マッチ直後に、突然恋愛しようとしてくる男性もいます。

男　どちらに住んでますか？

女　京都市内です！

男　これは恋愛ではない感じですか？

女　えっ、まだそこまでは考えてないです（まずは友だちから……）

男　残念です。じゃあまずは、友だちとしてやりとりしませんか？　ラインしましょ？　ダメかな？

このやりとり、男女逆で考えてもう1度読んでみてください。大変面倒臭いですよね。

マッチして5秒でここまでグイグイくる男性、もし会おうもんならその場で「付き合おう！　恋愛しよう!!」と言われそうで怖いです。

一方で、こんな男性もよくいます。

男

はじめまして！　良かったら今日お茶しませんか？

女

よろしくお願いします♪

男

くっついて甘えてほしいです（笑）

とにかく私が言いたいのは、**《余計なメッセージは送らないほうが賢明》**だということです。女は基本的に、相手の顔写真・年齢・身長などのプロフィールを見て、会うか会わないかを決めています。

「見た目は微妙だけど、メッセージの感じがすごく良くって……」なんてケースはかなり稀（まれ）だと思ってください。逆に男性は、美人とブスがいた場合、メッセージの善し悪しだけでブスと会うことを選ぶでしょうか？
悲しいことに、**メッセージってほぼ無力**なんです。

《勝負はすべて写真とプロフィールに任せる》
《メッセージは単に、アポを組むツール》

こう考えるべきだと思います。

「出会いがない」なんてありえない

前述したマッチングアプリに限らず、現代の日本は出会いの場に溢れています。相席屋・街コン・合コン・HUB・クラブ・バー……。初対面の男女が互いに交流することを目的につくられた場所はたくさんあるし、マッチング系のイベントも都会では毎日のように開かれています。「時は大恋愛時代」と言ってもいいくらいです。

じゃあこんなご時世に、**「出会いがない」なんて言い訳が果たして使えるでしょうか？** もうそんなの絶対にムリです。甘えんなです。

私は相席屋に通算100回以上行きました。来店ポイントを貯めまくって、3000円分のスタバカードをゲットしてしまうほどに通い詰めました。

合コンだって50回は参加してます。黙ってても誰も開催してくれないので、8割は自分で主催して幹事をやりました。友だちが少ないので、メンバー集めのためにネット上の掲示板『ジモティー』のメンバー募集というページで合コン仲間を募ったこともあります。

HUBをはじめとする出会いのありそうなバーに、週4ペースで通っていた時期もありました。すべて、自分の理想の彼氏をつくりたかったから行動したことです。相席屋で異性を漁り、梅田のHUBを1日で3軒ハシゴして、ダーツバーで血眼になってイケメンを探しました。

ここまでやれとは言いませんが、あなたは今日まで、これ以上の活動をしましたか？

出会いは自分でつくるものです。

「出会いがない」は今日から禁句にしましょう。

〝脈アリ〟かどうかが見抜ける3つの質問

先日、とある男性から質問をされました。

「男の恋愛は、女性に少しでも〝異性としてアリ〟だと思われていないと始まらない。男は自分がアリかどうか、どうやって探ればいいいの？」

確かに、21ページで説明した容姿の〝アリ or ナシ〟を判定する【恋のセンター試験】は、その合否を直接通知されることはありません。いや、通知なんかされたらたまんないですよね。聞いてもいないのに「キミはナシです」なんて言われる世界、残酷すぎて私だって嫌です。

しかし、この合否は、とある質問をすることでやんわり知ることができます。その質問とは、次の3つです。

① 「彼氏いるの？」
② 「どれくらい彼氏いないの？」

③「料理するの？」

これらの質問をいくつか試し、その回答から相手の思考を読み取ることで、アリorナシを知ることができます。順に解説します。

1「彼氏いるの？」

○脈アリ女　「いないよ、探し中」「一応いるけど、うまくいってない」
×脈ナシ女　「いるいる！」「めっちゃラブラブ」「いないよ、つくる気ない」

女はナシの男性に対して、彼氏がいることを積極的にアピールします。狙われたら困るからです。もしくは、「いないけど、つくる気ない」という「私は今恋愛はしませんよ」アピールを繰り出す場合もあります。どちらにせよ、隙（すき）がありません。

一方で、少しでもアリだと思われている場合、女は「彼氏いない」アピール、もしくは「いるけどうまくいってない」アピールをします。隙だらけです。

2 「どれくらい彼氏いないの？」

○脈アリ女 「3ヶ月」「1年くらい」「もうすぐ2年かなー」
×脈ナシ女 「もう4～5年いないよ」

かなり**長い期間彼氏がいない（つまり恋愛をしていない）ことを堂々と伝えてくる女性は、あなたのことをナシだと思っている可能性が高い**です。というのは、アリの男性には自分を売り込みたいので、そんな3年とか5年とか売れ残っていることを白状したくないからです。

なので私は、年単位で彼氏がいない期間でも、「1年くらいかなー」などとウソを答えることがあります。これは合コンで周りの女子たちを見てもそう。

もちろん、そんな他意などなく、正直に申告しているケースもあります。でも、その場合はもっと注意が必要です。断った男の数だけ、女の理想は高くなります。長期間彼氏がいない女性には、心してかかってください。

一方で、**2年以内の短期間を申告してくる女性は、恋愛に積極的な場合が多い**です。

3 「料理するの？」

○脈アリ女　「するよ！」「土鍋でお米炊いてる」「得意料理は○○」
×脈ナシ女　「しないよ」「たまーに」「毎日ほか弁」「王将の冷凍餃子をフライパンで焼くのも、自炊でいい？」

これは**1番重要な質問**です。正直、これまで挙げてきた2つの質問（「彼氏いるの？」「どれくらい彼氏いないの？」）は、この1番重要な質問「料理するの？」の補足でしかありません。

この最終質問**【料理人チェック】**こそが、相手にアリと思われているかどうかを測る最大のポイントです。なぜなら、世間の男性にとって〔料理をしない女〕の評価が今でも低いことを、女は知っているからです。

この質問で分かることは、本人がどのくらい料理をするかではなく、その男性のことを生理的にムリ（ナシ）だと思っていないかどうか。

相手の男性のことが生理的にムリで、少しも好意を持たれたくない場合、女は〝自分がいかにガサツで女らしくないか〟を無理やりアピールしようとします。

「あなたが求める料理のうまい家庭的な女は、私ではありませんよ」と必死でアピールし、その相手を遠ざけようとするんです。

逆に好きな男性が相手の場合、そんなに大したものはつくれなくても「クックパッドに投稿するレベルの料理人」だと詐称（さしょう）します。私はそういう女を何人も見てきたし、実際に私自身も料理上手を自称していました。

質問してきた男性は、マヌケにも大喜び。女は質問の意図をすぐに見抜き、簡単に自分を偽るのです。

「料理するの？」だけでなく、**「部屋の掃除はするの？」「結婚願望はあるの？」なんて質問も同様。**

女に結婚相手としての資質を問うような質問は、すべて脈のチェックに使えます。

初対面での3大NG行動は〔自慢〕〔熱弁〕〔オタ開示〕

初対面の女性との飲み会や初デートで、絶対に気を付けてほしいNG行動が3つあります。それは〔自慢〕〔熱弁〕〔オタ開示〕（〔オタ開示〕とは、オタクな知識をひけらかすこと）。

実に多くの男性が、無意識のうちにこの3つのどれかをやってしまっています。

〔自慢〕には、本人にとっては当然すぎて気付いていないレベルのものもあります。

「あ、俺？　リクルート社員。仕事超楽しいよ！　明日も社員5000人規模の会社の社長さんと会うんだ。やっぱり、やり甲斐を感じるよ。大企業の社長と1対1で会うんだから、ビビっちゃうよね（笑）」

これは私が実際にバーで出会った男性との会話です。もう大変です。

「すごいね！　本当にすごいね！」と言ってあげるしかありません。

いいですか？　**女子に「すごい」と言われたら、即座にヤバイと思ってください**。あなたは無意識に、俺すごい自慢をしてしまってる可能性が高いです。

〔熱弁〕と〔オタ開示〕も同様です。

「そう、あのディティール！　最高だよなぁ、やっぱ〇〇監督、分かってるんだよなぁ……。えっ、観てないの!?　絶対観てほしい！　あのシーン超泣けるから……俺、第3話10回観た。あそこの表情がたまんないんだよな……。いや俺、あの作品については余裕で10時間以上語れるから（笑）」

なんだか**とっても面倒臭い部類の男性**に見えてしまいます。

逆に〔自分の得意分野について熱弁してる女〕、いかがでしょうか？　東京ガールズコレクションの演出とファッションのポイントについて、合コンで熱弁してる女がいるとしましょう。それはとっても魅力的な女ですか？

「いや、俺は興味ねーよ」「よそでやれ」ですよね。

この〔自慢〕〔熱弁〕〔オタ開示〕、**共通点はすべて自分が主役になってしまっていること**です。人は自分がたくさん喋(しゃべ)ったときに、その会を「楽しかった」と感じます。

女性との会話で好印象を与えたいのであれば、相手、すなわち女性を主役に。個人的に**ベストな会話の量は【男：女=3・9：6・1】**です。

ここで【男：女=4：6】ではなく、さらに女性側に0・1ポイント多く割り当て、【3・9：6・1】というハンパな数字にしているのには理由があります。**人は自分が思っているよりも若干多く、自分の話をしている**からです。

おそらく、ここで【男：女=4：6】と伝えると、多くの男性は【5：5】の会話をしてしまいます。ちゃんと抑えたつもりでも、好みの女性と話していると、ついつい口数が多くなってしまうんです。

そのため、〝自分は3・9割（39％）しか喋らない〟という、**実際の条件より少し強めの意識**を持っておいてください。それでちょうど、4割程度になります。

コミュニティ恋愛の場合は【ドフランク陽動作戦】で攻めるべし

【ドフランク陽動作戦】とは、コミュニティ恋愛（同じ職場や学校などのコミュニティ内で恋人をつくること）が大好きな私が編み出した、最強の作戦です。私は女なので、男性相手に使ってましたが、これは男女関係なく使える技だと思います。

その内容は、《コミュニティ内に好きな異性ができた場合、その人だけをデートに誘うのではなく、この人は誰にでもフランクなんだ！と思わせるために、**複数の人に堂々とアプローチする**》というドシンプルな〝陽動作戦〟です（ちなみに陽動とは、〝他人の注意をそらすべく、わざと目立つように、本来の目的とは違った行動を取ること〟を意味します）。

たとえば、「飲み行こう！」と言って他の異性とサシ飲みしたり、「お土産買ってきたよ！」と言って全員に渡したり。

でも実際は狙ってる相手を誘う回数が1番多いし、買ってくるお土産も1人だけ特別だったりします。とはいえ、周りはその意図に気付きません。「あぁ、あの人はフランクだからな」となるんです。

一方で、アタックされている本人は、「なんか私のお土産だけ他の人より良いやつだな……」と薄々気付きながらも、「昨日は○○ちゃんとサシ飲みしてた」というあなたを見て、「いやこの人はフランクだから、私の勘違いか……」となります。ゆえに、**結構アプローチしても引かれません。**

むしろ「私のこと好きなの？　それともただの勘違いなの？」という**絶妙なドキドキ感を与え続けることによって、こちらを意識させることができるんです。**

フェイク（狙ってる人以外にもフランクに接する）がなければ、「うわっ、この男ガンガンいってんな……」と周りに指をさされ、女性本人も恥ずかしがるところを、フェイクがあることによってコミュニティ内で目立たず、**相手に羞恥心（しゅうちしん）を与えることもなく恋愛関係に発展させられます。**

この〝他の異性とも飲みに行くフランクさ〟は、**徐々に嫉妬を煽（あお）るオプションにもなる**ので、関係を進展させる上でもどの道プラスに働くんです。

また、**【ドフランク陽動作戦】**を1ヶ月ほど使い続けると、**好きな相手に「この人は気軽に誘える相手だ」と認識してもらえる**、というメリットが生まれます。そのため、うまくいけば相手からも「飲みに行こう」と誘ってもらえる可能性があります。

この【ドフランク陽動作戦】は、コミュニティ恋愛マスター（元カレはほぼ全員同じコミュニティ内の人）である私が生み出した最高の戦略で、かなり使える実践的なテクニックです。コミュニティ内に好きな相手がいる場合は、ぜひ試してみてください。

女からの好感度が一気にゼロになるメッセージ

私はかつて、自ら逆ナンするほど気に入った男性からのLINEを、1通目で無視したことがあります。そこで今回はその人との思い出に沿って、**LINEを返さないときの女の心理状態**をめちゃくちゃ詳しく説明します。

彼はとある雨の日に、濡れながら歩く私に自分の傘(かさ)をくれた人でした。私は「ありがとう」とお礼を言って、立ち去って3分ほど歩いたのちに彼の元へ戻り、連絡先を聞きました。だからまぁ普通の逆ナンとは違うかもしれないけれど、私から「LINEを教えてください」と言いました。

彼は「傘をダシに連絡先を聞き出すなんてダサいと思って耐えた。でもきっと戻ってきてくれると思った」なんてロマンチックなことを言っていて、そのときは「なんか運命的だな〜」と思っていました。

それなのに、帰宅後に「ありがとう、おかげで無事に帰宅できました」と送った私のLINEに対する彼の返信が不快すぎて、私は彼をその後一生無視することになりました。

男　おー帰れて良かった！　傘の対価は高いよ〜(笑)　次いつ会える？

ハ？？？と思いました。傘をダシに使うのはダサいんじゃなかったのかよ。言ってることとやってることが違いすぎる……。

その人は30代で、私の好みの年代ではなかったけれど、すごく良い人だったから「年齢なんて関係ない」と思って連絡先を聞いたのに、なにこれ全然違うじゃん。「対価は高い」って、ヤリチン（誰とでもHしたがる男）か？　傘のお礼にムフフ的な？　冗談だとしても、妄想こえーよ。

そんなわけで私は、彼のＬＩＮＥを既読スルーすることになりました。
そして「あのまま連絡先を聞かずに立ち去っていれば美しい話だったのに……」と激しく後悔したのを覚えています。

ちなみに私が彼のＬＩＮＥを添削すると、次のようになります。

「おー帰れて良かった！　傘の対価は高いよ～（笑）　次いつ会える？」
←
「おー帰れて良かった！　俺も連絡先交換できてラッキーでした！　ぜひ今度食事でも。」

このくらい**硬派**でいいんです。だって初対面なのだから。
わざわざ自分から「チンコを安売りしている男です」と匂わせる必要はありません。

女から返事がもらえないメッセージの共通点

私の元には、女子のＬＩＮＥスルーに悩む男性からの相談がよく送られてくるのですが、そこにも同様の原因があることに気が付きました。女性から返信がないことに悩む男性約60人のＬＩＮＥを添削した結果、返事がもらえないメッセージには大きな共通点があることが分かったのです。そのメッセージの共通点とは、

【隠しきれていない性欲】

これ。これが溢れ出している。だからスルーされるんです。ぜひ、自分の過去のメッセージをチェックしてみてください。**「今何してる？」**とか、**「久しぶり！　覚えてる？（笑）」**とか、そんな些細なものもこれに該当します。

なぜ今このタイミングで？　連絡してきた理由は？　今なんの時期だっけ？　正月でも誕生日でもなければ「共通の知人に会ったよ～」とかでもない、食事に行く約束をしてたわけでもない、じゃあ**何が原動力？　……〝性欲〟か**。と、こうなります。

これは申し訳ないことに、男性側がここまで考えていなくても（性欲ではなく、本当にたまたま思いつきで何気なくＬＩＮＥを送ってくれていたのだとしても）性欲だと捉えてしまいます。だって実際、下心から女に連絡してくる男性が圧倒的に多いからです。騙されて会いに行って嫌な思いをした経験が、ほとんどの女性にはあります。

女から確実にスルーされない連絡というのは、《なぜ今連絡をしてきたのか、自然で明確な理由があり、かつ性欲を隠せているもの》に限定されます。たとえば、**「意味のないスタンプ」とか「突然の電話」なんかも性欲がモロバレ。**

それから「大人の塗り絵って知ってます？　最近本屋によくあるんですけど」みたいな、なぜ今私にそれを聞くの？　連絡するために理由捻り出したの？みたいなやつも、性欲が隠せてなくて引くし、面倒臭いです（これは私が、過去実際に受け取った内容です）。

そんなん送るくらいなら、**普通に「ご飯行きましょう！」とかストレートな誘いでいい**んです。これは好意と性欲の狭間なので、相手から生理的に無理だと思われていなければ受け入れられます。

相手の好きな歌手がテレビに出てたり、ライブが延期になったことを話題にしたり、共通の友人と会ったことを報告したり、前に話してたお店に行って撮った写真を送ったり、そういう**〝建前の向こう側〟**にいかないと、女から確実に返信をもらうことはできません。

それができない（相手のことをよく知らない）のであれば、理由をこねくり回さずストレートに「焼肉行こ！」とかでいい。変なジャブを打つと、その分だけ性欲が伝わります。ボロが出ます。多くの男性はこのジャブを打つ過程で女に性欲をウザがられ、無視されてしまっているんです。

女がスルーしたくなる男性からの連絡

「やっほー！」

「今何してる？」

「久しぶり！　覚えてる？（笑）」
- 意味のないスタンプ
- 突然の電話

第3章

いざ、狩り（ハンティング）へ！

まとめ

今すぐスマホにマッチングアプリを入れよう

出会いのロスタイムを減らすこと。出会い方にこだわっていてはチャンスを逃す。

アプリは写真が最重要！

自分の最も自信のあるパーツを強調or自信のないパーツをカバーしている写真を使う。自撮り・キメ顔・加工はNG。

プロフィールは《シンプル・イズ・ベスト》

長文で気合の入った自己紹介は、現実世界でモテないことをひたすらアピールしてしまう。

誘い方は、オンライン時に「今日飯行こ」

ダラダラと質問や意味のない会話はしない。マッチしたらサクッと誘う。女だって、出会いたいからアプリをやっている。

脈アリは3つの質問で見抜ける

「彼氏いるの?」「どれくらい彼氏いないの?」「料理するの?」

初対面での3大NG行動は〔自慢〕〔熱弁〕〔オタ開示〕

自分が主役になってはいけない。会話の比率は【男:女=3・9:6・1】。必ず女を主役にする。

コミュニティ恋愛は【ドフランク陽動作戦】で攻めるべし

コミュニティ内に好きな異性ができた場合、その人だけをデートに誘うのではなく、複数の人に堂々とアプローチする。

LINEでは必ず〝性欲〟を隠すこと

女が返事を返さないとき、そのメッセージには必ず〝性欲〟が見え隠れしている。

第 4 章

決戦！デート・告白術

やるべきことは、
実はビックリするくらい少ない。

初回デートはさっさと切り上げるべし

初めてのデートで、「まだ一緒にいたい」「ウチに泊まっていかないか？」と粘りまくる男性がいます。

超ダサいです。その日のデートがどれだけいいものだったとしても、そんな駄々をこね始めた瞬間、すべて台無しになります。

いいですか？　**人間は薬局でティッシュを買うくせに、道端で突然押し付けられる広告入りのポケットティッシュは避けようとします。**これは、**恋愛の図式とまったく同じ**なんです。

多少の魅力を感じていても、それを押し付けられた瞬間に「えっ？　要らない……」という感情が生まれます。道端のポケットティッシュと同じように、よく知らない人から一方的に突然押し付けられる恋愛感情や性欲は、たいていの場合、ただの〝迷惑〟です。

初回のデートで盛り上がってしまい、性欲を隠すことができなくなった男性を、女はすごく嫌います。男の〝性欲〟は女の〝感情〟みたいなもんです。初デートで感情的になり、メンヘラのような振る舞いをする女をどう思いますか？　それはとても魅力的で素晴らしい女性ですか？　惚れちゃいますか？

初回デートでは変な性欲を見せないために、さっさと切り上げて帰りましょう。**《食事→2軒目のバーやカフェを打診（断られたら即撤退）→解散》**が正解です。

くれぐれも**「この後カラオケに……」「良かったらウチで飲み直しませんか？」**なんて**言ってはいけません。**あなたとの時間が突然、価値のないものになります。

自分から手をつないだ瞬間、あなたは女にナメられる

まだ知り合って間もない初回のデートで、突然男に手をつながれたときの女の感情……これは、**〈初回のデートで財布を出すそぶりも見せない女〉を見たときの男性の感情と同じ**だと思ってください。

「あぁ、それが目的だったのか……」

「図々しいヤツ」

「結局は最初から金（体）目当てで近付いたわけね」


誰もがこう感じてしまうと思います。実際、私は男性から手をつながれたことで何度もこう感じ、その度にその男性との関係を断ってきました。

もちろん、既にある程度お互いを知っている間柄や、ものすごく好みの男性相手ならばドキドキするでしょう。でも、アプリやバーで知り合って、ほんの小1時間話しただけの人間に、20数年間生きてきた自分の手を突然握られて好感を抱く女なんかそうそういません。最初から目的が透けて見えると、一気に冷めてしまうんです。

もちろん、とびきりのイケメンならば話は別です。即つないでも問題ありません。男性だって、美人には喜んで奢りますよね。

でも、女側がその男性に、まだ魅力を感じきれていないとき――「これから好きになる可能性もある」くらいの段階で突然手をつながれると、「なんだこの人、チャラい」「まだ私のことよく知らないのに、体目当てか……」「誰にでもこういうことしてるんだろうな」「本命彼氏としては相応しくない」という負の感情を抱かれてしまいます。

その瞬間、女はあなたをナメて見下します。

するとどうなるかというと、まず、**財布を取り出す頻度(ひんど)が減ります。**「この男は私の体目当てだし、私に奢るのが普通だろう」というトレード思考になるんです。

実際、周りの女性たちの話を聞いていると、タイプでもない男性から突然手をつながれた場合、次の2パターンの行動を取ることが分かりました。

〈パターン1〉手をつながれる↓振り払う↓以後、絶縁
〈パターン2〉手をつながれる↓妥協して受け入れる↓以後、金を出さない

初回デートで手をつなぐことができたとしても、それは〝あなたのお金〟と〝女性の体〟がトレードされているだけ……そんなケースが、実はすごく多いんです。もちろん、女はそんなこと絶対に男性に言いません。ニコニコしながら、奢られるためにデートに行きます。そして女同士の飲み会で、「あの男、すぐ体狙ってくるから財布にしてんだ〜」なんて言ってたりするんです。彼女をつくりたいのであれば、初回デートで〝体目当て〟だと思われるリスクを犯してまで手をつなぐ必要はありません。

食事デートは3つをすれば9割終了

食事デートで女性からのポイントを〝爆上げする〟コツがあります。それはすべて、事前の準備段階にかかっています。これさえやっておけば、そのデートが大失敗することはありません。間違いなく〝好印象〟からスタートできます。

女性からのポイントを爆上げする食事デートの準備

①飲食店は必ず予約を取る
②なるべく静かで広い席をお願いする
③コース料理の場合、女性がニガテな食べ物を店員さんに事前に伝える

1 予約を取る

予約って愛情です。単なる性欲処理相手（セフレやワンナイト限りの女）のために、朝昼晩のご飯のお店をすべて予約する男性はいないと思います。私は彼氏が**お店の予約を取って**

くれる度に、「大切にしてもらっているなぁ」と感じます。

ただし、予約を取る際に意識してほしいポイントがあります。それは先の②③もしっかり実行することです。

②も③も、実際に私が交際相手にされて嬉しかったこと、そして今は自分自身でもやっていることです。順番に説明します。

なるべく静かで広い席をお願いする

飲食店には、**アタリ席とハズレ席**があります。よほどいい店であれば、そんな席は存在しないかのようなテーブルの配置がされていることもありますが、大抵の店は人の視線や動線に頻繁にさらされるハズレ席が1つや2つあるものです。

電話予約の際は口頭で、ネット予約の際は備考欄で、

「荷物が多い可能性があるので、壁際の広めの席にご案内いただけると助かります」

と店側に伝えてください。

もちろん、**夜景がきれいなお店や、カウンターのほうがいいお店**（料理人が調理しているシーンを間近で見ることのできる鉄板焼き店など）の場合は要望をそちらに寄せます。いい席での食事は、テンションが俄然違いますから。

店の中央より、窓際・壁際の席のほうが落ち着くし、自然と深い会話ができますよね。そんな経験、ありませんか？

女性は料理の内容はもちろん、お店や席の雰囲気もかなり重視しています。それによって、〝料理の味の感じ方〟や〝自分の気分〟が少し違ってくるからです。何より、入店と同時に「1番奥の席をご用意しております」って案内されるの、特別感があって結構気持ちがいいですよ。

店選びだけでなく、テーブルポジション選びまで抜かりない男性は一目置かれます。

3 コース料理の場合、女性がニガテな食べ物を店員さんに事前に伝える

居酒屋のコース予約や、記念日のディナーなど、メニューの内容が決まっているときにオススメなのがこの方法です。

まず、ネット上でコース内容をチェックしますよね。その際に、彼女がニガテな食材が

1つ2つあることがありませんか？　それを**店員さんと交渉し、他のメニューに変えてもらう**んです。

「コースにある○○という料理が、どうしても食べられないんです。もっと安いもので構わないので、他のメニューに変えていただけませんか？」

とお願いすれば、大抵の場合は変更してくれます。だって残しちゃうのは申し訳ないし、もったいないじゃないですか。

完全に私の主観ですが、美人ほど食べ物の好みが偏る印象があります。私が働く高級クラブには、野菜が食べられないホステス、生魚が食べられないホステス、肉の脂身がニガテなホステスと、偏食の子が大半を占めます。

おそらく自己肯定感が高いので、好き嫌いを直してこなかったのでしょう。

かくいう私も野菜がニガテなのですが、このニガテに対する反応は男性によってかなり違います。

A．店員さんと交渉し、私のニガテな料理をコースからなくしてくれる

B．「好き嫌いはいかん」「これ、おいしいから！」と無理やり食べさせ矯正しようとしてくる

Aの男性からは離れられません。私が交際相手に選ぶ男性はこのタイプです。

Bの男性とは長くいられないなと感じます。それどころか、「私が20年間以上直さなかった自分自身の好き嫌いを、知り合って間もないお前が何矯正しようとしてんねん……楽しい食事が急に修行かよ」とうんざりしてしまいます。

相手のことを誰よりも把握し、ニガテな食べ物が出てこないよう事前に立ち回りましょう。何かを強制し合うような居心地の悪い関係は長く続きません。

食事デートでこれだけの立ち回りができれば、あなたは確実に〔デートがうまい男〕になります。

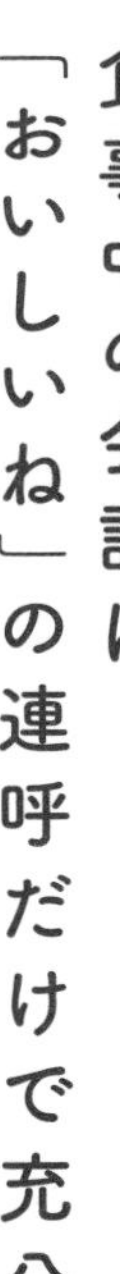

食事中の会話は「おいしいね」の連呼だけで充分

男性と一緒に食事をしていて思うのは、男性は女性と比べて「おいしい！」という感想を口に出す回数が圧倒的に少ないということです。「うまっ」くらいで終わる人もいれば、まったく何も言わない人もいます。

一方で、女同士の場合、それはそれは「おいしい！」を言い合います。

女友だちと食事に行った場合

A子「わっ、これおいしい！」
B子「ほんとだ！　おいしいね～！」
A子「ね～。めっちゃアタリ！」
B子「だってここ、食べログ3・5超えてたもん」
A子「あ～これほんと好き！　おいしい……」
B子「ん～～さいこ～～♡」

（完食後）

A子「うーん大満足！」

B子「おいしかったね～」

A子「超おいしかった！　絶対また来よ～！」

B子「大アタリのお店だったね！　ここ選んで良かった！」

（帰宅後）

A子インスタ「最高のカフェ見つけた♡　おいしいし雰囲気良いしリピ決定☆」

B子インスタ「A子とめちゃくちゃおいしいランチ！　ほんと幸せだった……♪」

男性と食事に行った場合

A子「わっこれおいしい！」

彼氏「だね」

A子「めっちゃアタリだね！」

彼氏「……（無言で食ってる）」

A子「……」

彼氏　「それより昨日さ」
A子　「……」

女は「おいしい」という感情の共有をしたがります。そして、「自分たちは賢い選択によっていいお店を選んだ。この選択に間違いはなかった。私たちは今とてもいい時間を過ごしている」という確認をしたがる生き物なんです。

一方で男性の場合、往々にしてこのような**「僕とキミの脳はつながってませんよ」**といった対応を取りがちです。

女を真似ろとまでは言いませんが、**女性との食事では「おいしい」ということばを1回でも多く言うべき**です。

しかし、語りすぎるのも良くありません。外食が多く食に詳しい男性の中には、たまにウンチクを語るタイプの人がいます。これは第3章でも触れた通り、〔オタ開示〕になるためマイナス印象です。語る際はくれぐれも控えめに。

デート中は《顔→スタイル→知能》の順に褒める

「女性は外見を褒められ慣れているから褒めなくていい」「内面とか他のところを褒めろ。差別化が大事！」という恋愛の鉄板理論。これは完全に間違っています。**外見はどれだけ褒められても嬉しい**し、女性は褒めてくれた男性に好感を持つからです。

むしろ、年を取れば取るほど「可愛い」「きれいだ」と言われなくなっていくのだとしたら、今は1回でも多く褒められたい。もうとにかく、もてはやされたい。だからメイクをして、ヘアセットをして、男性とのデートに繰り出しているんです。言われたくなかったら、家でじっとしています。

女性とのデートでは、ルックスを賞賛してください。ありがたがって喜んでください。

〝その男が自分に対してどれほど価値を感じているか〟で、女の対応は変わります。

男性だってそうですよね。ルックスを褒められて嫌な人はいません。

何度でも、しつこいくらいに褒めましょう。それによってナメられたりはしません。

デート中の会話の内容は、とにかく顔・スタイル・知能を褒めることに使ってください。このとき、時間の経過とともに褒めるウェイトを変えていくのがポイントです。

時間の経過とともに褒めるウェイト

【スタート～30分】……顔（70％）：スタイル（20％）：知能（10％）
【30分～1時間】……顔（40％）：スタイル（30％）：知能（30％）
【1時間～2時間】……顔（30％）：スタイル（30％）：知能（40％）
【2時間～ラスト】……顔（20％）：スタイル（20％）：知能（60％）

つまり、**《顔→スタイル→知能》**と、**褒める要素の比率を変えていく**わけです。

でも最後の〝知能〟ってどうやって褒めるの？って思いますよね。

私がオススメしたい褒め方は、「○○ちゃんみたいな賢い女の子には初めて会った」**（直球系）**、「なんかすごい会話が噛み合う。波長が合うのかな」**（遠回し系）**とか。

知能って、要はセンスなんです。

勉強ができるとか、学歴が高いとか、TOEICの点数が高いとかじゃなくて、本人の機転や行動、会話の内容を褒めてください。

女のプライドを絶妙にくすぐる褒めセリフの例

〈顔〉


「そんだけ可愛かったら彼氏いるでしょ?」

「俺は芸能人で言うと○○のファンだから、キミの顔はまさに理想って感じ」

「俺は薄めの顔が好きだから、○○ちゃんのこと超タイプ」


〈体〉


「めっちゃスタイル良いよね」

「身長高くない?　モデルできるでしょ」

「超細い。体重50キロないよね」


〈知能〉


「見た目可愛いのに、中身賢いとかズルいわ」

「ほんと言うこと全部おもしろいよね」

「○○ちゃんって本当に頭良いよね。こんな女子に会ったの初めて」

〈その他〉

「俺って本当にラッキーだよね。○○ちゃんにこんなに仲良くしてもらえて」

「やっぱり普通の女の子とは違うよね」

「所作やマナーが全然違うね。本当に品（orオーラ）がある」

「一緒に歩いてたら周りの視線を感じるんだけど……毎日こうなの？」

「さっきの男、○○ちゃんと歩いてる俺のことめっちゃ睨(にら)んでた（笑）」

「ギャップがすごいよね。多分、男はこれでやられるんだろうね」

褒めるのって、無料です。無料で使えるオプションなのに、使わない手はありません。バーで奢る〔有料のドリンク〕よりも、〔無料の褒め〕のほうが、恋愛においては何度も効果があります。

焦らしすぎは禁物！告白は知り合って〝3ヶ月以内〟

広島大学心理学研究の論文で、「恋愛における告白の成功・失敗の規定因」という研究結果があります。大学生331名を対象に、恋愛関係の成功・失敗に関するデータをまとめたものです。

調査の結果、【告白の成功率が最も高い条件】が分かりました。

告白の成功率が最も高い条件

▼**告白までの期間**：知り合ってから3ヶ月未満
▼**告白する時間帯**：深夜0時〜早朝5時台
▼**告白する場所**：相手の家
▼**告白の方法**：直接対面
▼**告白の内容**：「好意の伝達＋交際の申し込み」
▼**告白までの行動**：2人で遊びに行く／2人で食事に行く／家へ遊びに行く／特別な用事がないのに会う

この論文によると、**告白は知り合って〝3ヶ月以内〟が最も成功しやすい**のです。シチュエーションは**〝深夜〟**に、**〝相手の家〟で直接「好きです、付き合ってください」と言う**こと（そもそも深夜に相手の家に上がり込めている時点で、かなり勝率が高いことは想像できますが）。〝相手の家〟が難しい場合、次点で有効なのが〝自分の家〟、次いで〝道端〟です。

知り合ってから3ヶ月以内に、〝2人で遊びに行く〟〝2人で食事に行く〟などの行動をクリアし、深夜に宅飲みで2人っきりになったタイミングで告白するのがベストです。

ちなみに、【告白の成功率が最も低い条件】はこちらです。

告白の成功率が最も低い条件

- **▼告白までの期間**：知り合ってから6ヶ月以上12ヶ月未満
- **▼告白する時間帯**：午後12時～17時台
- **▼告白する場所**：学校
- **▼告白の方法**：手紙
- **▼告白の内容**：「好意の伝達」のみ
- **▼告白までの行動**：親に紹介する／個人的な悩みを打ち明ける／相手と口ゲンカする

この論文の調査によると、知り合ってから6ヶ月以上経った場合、告白の成功率は一気に低くなることが分かりました。つまり、ダラダラと長期間会い続けたからといって、告白が成功するとは限らないんです。むしろ逆。**短期間で一気に関係を進展させること**こそが、告白を成功させる必須条件だと言えます。

思い返せば私自身も、これまで付き合ってきたほとんどの男性と〝知り合って3ヶ月以内〟に交際をスタートさせていました。

一方で、〝親に紹介する〟〝個人的な悩みを打ち明ける〟といった一見親密そうに見える行動が、実は逆効果だということも分かりました。これは簡単に言うと、〝**余計なことするとボロが出るぞ**〟ってことだと思います。知り合ってからの期間もそうです。3ヶ月以上も一緒にいると、次第に相手の良くない部分が見えてきます。

そうなる前に、告白は短期決戦が鉄則。知り合ってから3ヶ月以内に勝負を決めましょう。

（※収録刊行物：広島大学心理学研究(6), 71-85, 2006　広島大学大学院教育学研究科心理学講座）

デート中も女は減点方式でジャッジしている！ この【12の言動】に注意せよ

「女性はデート中に、男性のどんな点を見ているの？」という質問をもらうことがよくあります。次の12の言動は、私が男性とのデート中にチェックしている主なポイントです。これは私が見てきた限り、世の中の20代女性の傾向とさほど変わらないと思います。参考にしてみてください。

女がデート中に見ている【男性の12の言動】

【1】**目線**……初対面なのにやたらと目を見て（凝視して）話してくる男性は怪しい。なんとかして相手を操ってやろうという策略を感じる。とはいえ、まったく視線を合わせないのはもちろんNG。初デートゆえに緊張している、でも目を見て会話をすることを意識しているのが伝わる程度がベスト。

【2】**表情**……やはり笑顔はほしい。緊張していてもいいが、安心感を与えるためには適度な笑顔が重要。しかし、初対面なのにずっと笑顔の男性というのも怪しさ（営業スマイル感）を感じてしまう。

【3】**話し方**……初対面なのにやたらとフレンドリーだったり、トークスキルを発揮したりする男性は怪しい。女性に慣れすぎていると不信感を抱いてしまうし、少し暑苦しく感じることもある。無理のない自然なコミュニケーションがベスト。

【4】**歩き方**……女性に歩くペースを合わせてくれているかどうかが大事。歩くのが速いせいか、常に半歩先を行ってしまう男性は多い。一方で、内股でのナヨナヨ歩きも△

【5】**お店の決め方**……事前に予約しているor目星をつけていればOK。なかなか決められず、30分以上お店探しをされたときは非常に疲れた。真剣に考えてくれるのは嬉しいけど、あまり優柔不断なのも困る。

【6】**脚を広げる角度**……内股NG、広げすぎもNG。理想は45〜90度程度。

【7】**注文の決め方**……男らしく全部決めるぜ！系はすごく嫌。多少こちらに選ばせる思いやりがほしい。また、店員さんにオススメをたずねるなどの気が利く姿勢が見られると、1ポイントアップ。

【8】**店員さんへの態度**……横柄だと一発アウト。育ちを疑う。きちんと敬語で接する、ミスがあっても怒らない。最初の飲み物か料理が届いたら「ありがとうございます」と言う。

【9】**食事のマナー・お酒の飲み方**……食事のマナーは超重要（次項にて解説）。こちらに

ばかりやたらとお酒を勧めてくる人には不信感を感じるが、男性本人も飲んでいればOK。酔って性格が変わるのはNG。泥酔はアウト。自分がどれくらい飲むと変わってしまうのか、きちんと把握している男性がいい。

【10】**ボディタッチや下ネタの有無**……その手の方法でしか女を落とせないレベルの低い人間だと感じる。不要。何度かデートを重ね、仲が深まっている場合はOK。しかし、度が過ぎるとドン引きしてしまう。

【11】**2軒目打診の有無**……ディナー後のバーやカフェなど、迷わず打診してほしい。誘われない場合、自分とのデートが楽しくなかったのかと感じる。

【12】**会計**……男性側がデートに誘った場合、正直初回は多めに出してほしい。あるいは、自分が食べた分をきちんと払ってほしい（男性のほうが多く飲食するため、折半では女側が損をする）。

会計については様々な価値観があるので、男性は自分の懐（ふところ）事情に合わせた決断をするべきだと思います。しかし、**女性相手に奢ることがいい展開につながることはあっても、逆はありません**。

特に、男性のほうが年上だった場合、年上好きの女性は勝手に期待していたイメージを裏切られたような気分になってしまいます。

これは〝なんとしてでも金銭的に得をしたい〟という感情ではなく、〝男性から、かばって守られたい〟という潜在的願望の部分が大きいようです。社会がどれだけ男女平等になろうとも、男性が女性に家事能力や女性らしい振る舞いを求める感覚に似ていますね。

そのため、男性側が誘った高級イタリアンで割り勘を提案したり、「千円だけちょうだい」と言うくらいなら、**吉野家で350円の牛丼を1杯奢ったほうが、女性からの印象はいい**と私は思います。

食事のマナーが悪い時点で、Hする関係まで発展しない

女同士で食事をすると、度々〔彼氏の食事のマナー〕が議題に挙がります。女にとって、一緒にいる男性のマナーは非常に気になるものです。

次の5つの項目は、女が特に見ている食事中のマナーです。

女が見ている！　食事のマナーチェックシート

□箸の使い方、食べ方が美しいか（くちゃくちゃと音を立てたり、ヒジをついたりするのは×）
□食べるスピードが速すぎないか
□食べる動作と会話を分けているか（食べながら話さない）
□食事中にスマホを触らないか
□やたらと「俺、酒に強い自慢」をしてきたり、飲酒を強要してきたりしないか

私は過去に、男性と鍋を食べに行ったとき、彼の食事のマナーが悪く、「同じ鍋に箸を入れたくない」と伝えたことがあります。

箸の持ち方に問題はありませんでしたが、彼は会話をすることにとにかく必死で、いつも食べながら喋っていました。口の中が丸見えで、喋るたびに唾液がどんどん鍋の中に入っているように感じます。

割とタイプの男性だったので、それまで言い寄られて悪い気はしていなかったのに、その姿を見た途端、私はもう彼のわずかな唾液すらも体内に入れたくないと思ってしまったんです。

女が1度でもそう感じた瞬間、もうセックスは無理です。**食事の仕方にはその人のセックスが投影される。**おそらく、思いやりがなくて雑なセックスしかできないんだろうな……とドン引きしてしまいました。

それほどまでに、食事のマナーは重要です。

会話を続けるために女性に質問を続ける……それ、間違ってます

男性が会話の中でやたらと質問をしてくる姿は、かなり不快です。異様なプレッシャーを感じるし、正直、話したくないことだってあります。まるで尋問のようなやりとり……。この時間を心から楽しいと思える女性は少ないと思います。

男性側の〝質問をし続けなければ、会話が途切れて終わってしまうのでは？〟という不安な気持ちは分かります。でも本来、コミュニケーションとはそういうものではないはずです。

たとえば、相席屋やバーのような場所では、初対面の男女で会話をするシーンがあります。

そのようなシチュエーションで多くの男性がやりがちなのが、女性に絶え間なく質問をして気まずさを埋めること。

「名前は？　いくつ？」
「仕事は？」
「どこから来たの？」
「2人は友だち？　どういう関係？」
「よくここ来るの？」
「今日はなんで来たの？」

……もう、非常に疲れます。**出会いの場は、女への質問コーナーじゃありません。**

出会って5秒でこうしたガチガチに向かい合った会話をすることは、ビジネスの世界では普通でしょうが、男女の関係を深くする効果は一切ありません。

むしろ、初っ端からこんな面接官のようなテンションで向かっていくと、相手の女性の心に壁ができてしまいます。

たとえば私の場合、相席屋やバーで出会って3分程度の男性に「仕事何してるの？」と聞かれたら、本当のことを言いたくないなと感じます。

私の友人で社長秘書の女性も同様で、「まだ仲良くない男性に社長秘書だと伝えると、勝手なイメージを持たれたり、変に持ち上げられたりするのでニガテだ」と言っていました。

これはもしかすると、男性の中にも同じように感じている人がいるかもしれません。特に経営者をはじめとする〈お金を持っている人〉や〈地位のある人〉〈いい会社に勤めている人〉は、初対面の相手にそのことを言わない人も多いですよね（とりわけ警察官の人なんかは、出会いの場で職業を隠したがる傾向にあります）。

家の場所や来店頻度をたずねるのも、同様に悪手です。女性側が「まだよく知らない人に家の場所を知られたくない……」「よく来ていると思われるのは嫌だ……」と少しでも感じてしまったら、その会話は失敗なんです。

こうした懸念から**女性に1つでもウソをつかせたら、2人の関係が進展する可能性はグッと低くなってしまいます。**

初対面の女性との会話は必ず【仙人モード】で

初対面の女性との会話では、**向かい合った質疑応答スタイル（↓↑）よりも、同じ方向を見て共感し合うスタイル（↓↓）を意識しましょう。**

たとえば、次のような会話がオススメです。

〈例1〉

男「今日、人多いね」
女「そうだね〜」
男「あ、あそこの席見て」
女「え？」
男「女の子めっちゃ嫌がってるのに、男すごいグイグイいってる（笑）」
女「わっ、ほんとだ〜（笑）」

〈例2〉

男「このお酒、ちょっとアルコールきつい！」

女「え、ウソ（笑）」

男「一口飲んでみて」

女「うわ、きっつ！」

〈例3〉

男「最近芸能人の不倫ニュースが多いよね」

女「そうだね～」

男「同じ男としてないわーって思うけどね」

女「そうだよね、奥さんの妊娠中にひどいよね」

なんとなく、イメージしてもらえましたか？　こうして2人の間で自然な会話を展開できれば、相手の女性のほうから逆質問と自己開示をしてきます。

実はこれ、初対面の異性と毎日接し続けている私たちホステスが使っているテクニックなんです。お客様を問い詰めず、**その場の状況や世間の時事ネタから会話の糸口を探って**

いく。一個人の中身を深掘りしていくのには限界がありますが、**周りから原動力を得るのであれば、無限に会話が続きます。**会話のエネルギーは内側から引き出すのではなく、外側から持ってくる。NARUTOでたとえると、体内のチャクラではなく自然界のエネルギーを取り込んでチャクラに変える**【仙人モード】**のようなものです。

たとえば、【仙人モード】を習得していない素人キャバ嬢（下忍）は、お客様の席に着くなり突然こんな会話をします。


「初めまして、ユキ子です」

「お名前をうかがってもいいですか？」

「お仕事は？」

「どのあたりにお住まいなんですか？」

「今日は初めて来られたんですか？」

「ここに来る前はどちらのお店へ？」

「あ、焼肉を食べて来たんですね！　羨ましいです！　何を注文したんですか？」

…

こんなお店、楽しいですか？　もう少しも気が休まらないし、しんどいですよね。ガールズバーやキャバクラなど、女性がいるお店に行ったことのある男性は身に覚えがあるのではないでしょうか。

これと同じなんです。初対面の女性と話す男性は、女の気が休まらないくらいにどんどん質問を投げかけ、問い詰め、しまいには「あ、私たちそろそろ帰るんで……」とか言ってそそくさと逃げられてしまいます。

〝トーク力〟とは、正面からぶつかって無理やり場が盛り上がっているように見せる力のことではありません。**絶妙な角度から会話をつくり、相手との距離を詰めるテクニック**のことなんです。

そのために、初対面の女性との会話では【仙人モード】を意識してください。相手をウンザリさせるだけの質問ラッシュは、今日から禁止にしましょう。

第4章

決戦！ デート・告白術

まとめ

初回デートはさっさと切り上げるべし

自ら安っぽい男になる必要はない。執拗な誘いはウザがられて終了。

初対面で手をつなぐ男は、財布を出さない女と一緒

早い段階で欲を丸出しにするのは超リスキー。

食事デートは〔予約〕〔広い席〕〔メニュー変更〕で9割終了

予約は愛情。この3つの準備で、相手を大切に思っていることを示す。

食事中の会話は「おいしいね」の連呼のみ

女は感情の共有をしたがる生き物。食事の感想は過剰に伝える。

デート中は《顔↓スタイル↓知能》の順に褒める

終始顔ばかりを褒める、顔を一切褒めない……などのアンバランスな褒め方はＮＧ。

告白は知り合って〝3ヶ月以内〟

告白は知り合って〝3ヶ月以内〟に、〝深夜の相手の家〟で、直接「好きです、付き合ってください」と言う。

食事のマナーは、女にセックスまで想像させる

箸の持ち方や咀嚼音（そしゃくおん）に注意。生理的嫌悪感を抱かれた瞬間、その女性とは永久にセックスはできない。

初対面の女性との会話は必ず【仙人モード】で

向かい合った質疑応答スタイル（↓↑）よりも、同じ方向を見て共感し合うスタイル（↓↓）で相手に心を開かせる。

第 5 章

高実現率を誇るセックス誘導術

物怖じしない男性が
密かにやっていること。

〝焦らし〟こそ最強の戦略！
すぐに飛びついた時点でゲームオーバー

こちらが気を許した途端、飛びついてくる男性は、かなり普通です。そんな男たちのことを、女はナメて見下します。「あぁ、結局こいつも他の男たちと同じ、ただ性欲中心で生きてる猿か……」と。

そうなった場合、1度関係が持てたとしても、よほどセックスが良かった場合を除いて次はありません。ワンナイト狙いならそれでも良いかもしれませんが、女性とせっかく関係が持てたのに、1度きりで終わるなんて超もったいないですよね。

いつでも、何度でもおかわりできる状態まで持っていったほうが、賢いです。

そのために**有効なのは、まず間違いなく、〝焦らし〟**です。

とある男性と2人、私が住むマンションで、深夜までサシ飲みした夜の話です。

午前4時、2人で雑魚寝する段階になっても、彼は私の体に一切触れてきませんでした。「私に魅力がないのか？」「それとも彼がホモなのか？」「据え膳食わぬは女の恥」……。そんなことばが脳内をぐるぐると回り続け、私は一睡もできませんでした。

次も、その次もそうでした。なんと私と彼は、7回も添い寝をしたのです。

そうして、私が「彼に早く抱かれたい」と思うまで焦らした後、「お互い求め合ってるし、じゃあしよっか」という流れでセックスに持ち込んだのです。まるで『北風と太陽』ですね。

多くの男性がやりがちな**〝超必死の性交渉〟は、かなりダサい**です。仮に、その場ではなんとかセックスに持ち込めたとしても、女側に「あーあ、流されちゃった」という不快感が残ります。そうなると、その女性との関係は大して長く続きません。せいぜい2～3ヶ月がいいところ。

一方で、**すぐに飛びつかれなかった場合、女は疑問を抱いてモヤモヤします**。実際に、私の元にも多くの女性から、「私に手を出してこなかった男の存在が気になる」といった相談が寄せられています。

✦コラム✦美人こそ、手を出さないほうが歩み寄ってくる

私の友人の美女の話です。

彼女は合コンで知り合った男性と後日会う約束をし、2人で飲みに行きました。お互いほろ酔い状態になったところで、誘われるままホテルへ行ったところ、なんと彼女はその男性から一晩中、何もされなかったんです。

すると彼女は、これまで感じたことのないモヤモヤ感を抱き、その男性のことが急に気になり始めます。そんなにタイプの顔でもないし、遊び感覚でついていったのに、手を出されなかったことで逆に執着心が生まれてしまったんです。その後、彼女はその男性と交際し、なんと結婚までしました。

美人は自尊心が高く、求められることにも慣れているので、逆になかなか手を出してこない相手には不安や疑問を抱きます。それにより生まれる執着心は、彼女たちに意図せぬ恋心を芽生えさせてしまうんです。ワンナイトで終わる軽薄な関係ではなく、美人の心まで奪うには、セックスに至るまでの心の動きがかなり重要になります。

くれぐれも、その他大勢のよくいるガッツキ男たちと同じ行動を取らないように。美人にあえて手を出さない男性こそが、最終的に選ばれる〝本命男〟になるんです。

経験人数とセックステクは比例しない

私はかつて自分のブログ（note）で、**【論文】〝男性のセックス経験人数〟と〝女性の満足度〟の相関関係**という非常にアホなタイトルの論文を公開したことがあります。

過去に自分がセックスをした相手を得点付けし、その経験人数とセックステクニックにどんな関係があるかを個人的に調査したのです（p152図9）。その結果、次のような結論が出ました。

◆〝男性のセックス経験人数〟と〝女性の満足度〟に明確な相関関係はない

◆特定の女性と年単位でセックスした経験を持つ男性は、セックステクニックが向上しやすい

◆経験人数が多すぎる男性は、セックスがワンパターン化する傾向がある

◆なぜなら、《1人の女性とマンネリ化を乗り越えながら、長期間関係を築いた経験》がないためである

◆一方で、技術が乏しくとも愛情によってセックスの満足度が飛躍的に向上する場合

図9．男性の経験人数とセックスの内容評価

Entry	Name	年齢（歳）	経験人数（人）	テク	肉体	精神	性欲	愛情	総合得点	コメント
1	数年間付き合った大学生	20	1	10	7	10	2	15	**44**	育て上げた童貞
2	3週間だけ遊んだ大学生	21	5	7	13	10	10	4	**44**	駆け出しの猿
3	交際経験のないナンパ師	22	6	4	11	12	20	19	**66**	愛と性欲の化身
4	2股をかけられた外国人	24	15	10	13	19	17	5	**64**	メンタル攻略の天才
5	セフレだったイケメン会社員	27	40	18	15	7	16	5	**61**	心なき絶倫マシーン
6	元歌舞伎町ホスト	27	100	11	9	9	16	8	**53**	特徴なし
7	一夜限りのナンパ師	26	500	6	9	6	6	2	**29**	セックスを知らない男

※【年齢】は出会った当時のもの／【経験人数】は本人自称／各項目で20点満点で採点

図10．男性の経験人数と女目線のセックスの評価

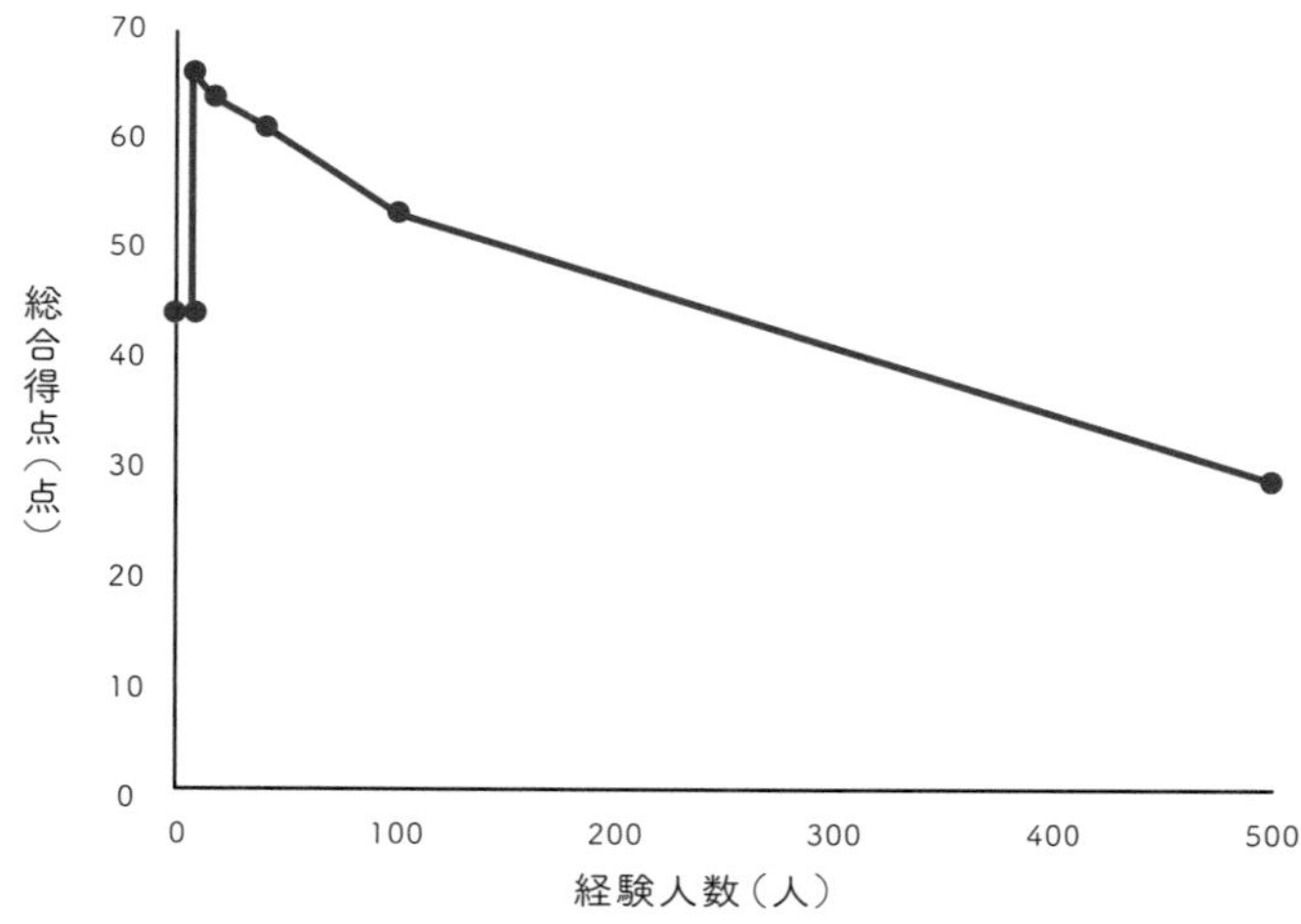

もある

【結論】セックスの技術と相関があるのは、〝経験人数〟ではなく〝1人の女性との交際年数およびその関係性〟

特定の女性と年単位でセックスを続ける男性は、その女性とともに肉体的・精神的セックステクニックが向上する傾向にあることが分かりました。それは、あらゆるシチュエーションや心情を経験し、セックス以外のすべての時間（2人でご飯を食べている時間、映画を観ている時間、そして離れている時間）を〝盛大な前戯(ぜんぎ)である〟と捉えるほどに相手を愛した経験でしか手に入れられないものだと、私は考えています。

また、特定の女性と長くセックスを続ける男性だけに訪れる〝マンネリ化〟という悪魔と闘うため、様々な案を考え、技術を磨き、女性と二人三脚で長期間努力することでしか手に入らない領域のセックステクニックが多数存在します。

それは、ことばでは体形し難いけれど、そのような男性といざベッドに入れば、「あぁこの人は過去に長く付き合った女性がいたんだな」と確信できるような何かです。女性なら、おそらく感じたことがあると思います。

一方で、**私の調査においてセックスの総合得点が最も低い**（すなわちセックスが下手）**という評価になったのは、意外にも経験人数500人以上の男性**でした（p152図9－Entry7の男性）。

これは、経験人数500人以上と謳いながら、ほぼすべての女性と一晩限りの関係であるため、スタンダードで特徴のないワンパターンなセックスを500回披露しているだけであることが原因だと考えられます。

どんな相手であっても、1回目のセックスは大体同じようなもの（いわゆるバニラ味）になる。よって、前述した《1人の大切な女性と長期間セックスを育んだ経験》がない男性は、たとえ何百人と関係を持っていようとも、残念ながら童貞臭い何かが残っています。

もちろん、この結果は私個人の主観である上、AV男優さんのような別次元の方（お仕事としてセックスをされている方）は話が別だと思います。

私は、**経験人数が非常に少なく、1人の女性と長く付き合ったこともない男性とのセックスに、非常に満足した経験**があります（図9－Entry3）。彼は「AVで得た知識と妄想力だけで戦ってます」みたいなカステクしか持ってなかったけど、〝性欲〟と〝愛情〟の2つのポイントがほぼ満点でした。

彼は経験人数が非常に少ない、ゆえに女体に対してまだ全力で興奮できるポテンシャルを持っていたんです。

これは個人的な見解ですが、女性の裸体を見た回数と興奮レベルは反比例すると考えています。そのため、まだ数えるほどしか裸体を見たことのない彼の〝性欲〟は、私が過去にセックスをした男性の中でも群を抜いていました。

さらに、彼は私との交際期間が長くなるにつれて私に対する〝愛情〟が大きくなり始めました。それによって、セックスにおける愛情面での快感（すなわち安心感や心地よさ）が増し、結果的に満足度の高いセックスになったと考えられます。

つまり何が言いたいかというと、**〝女にとってのセックスの良さ〟と〝男の経験人数〟は一切比例しない、それどころかむしろ逆だよ**、ということです。

経験人数が少ないからと言って、後ろめたく感じる必要は一切ありません。そんなの、宝の持ち腐れです。

童貞には価値がある！　隠さずアピールすべし

前述した通り、経験人数が少ない男性は、女体に対して全力で興奮できるポテンシャルを持っています。童貞なんてその最たるもので、〝僕は女体に対してとても新鮮で良いリアクションができます！　しかも初めてなので、誰とも比較しません！〟という、**女にとって大変ありがたいポイントを兼ね備えている**んです。

童貞も処女も、本人たちはコンプレックスを抱いていたりするけど、人って基本的にはなんでも〔新品〕が大好きですよね。家は新築、車は新車、結婚相手にはバツなしを求めるのに、セックスだけ新品がダメ？　そんなわけありません。

童貞や処女がニガテだという人は、自分自身のセックステクニックに自信がない、ゆえに「相手にそれなりの知識と技術（すなわち経験）を持っていてほしい」と考えているだけですし、実際そこに大きなこだわりを持っている人は少数派です。

もちろんお互いに経験があったほうが面倒が少ないし、雰囲気を壊さずスムーズなセックスができるのかもしれないけれど、未経験の人には未経験だからこその良さがあります。

ちなみに私自身は、元カレも元々カレも童貞……つまり〝童貞キラー〟です。そして私の友人女性たちにも〝童貞好き〟はかなり多いです。でも、**私たちがそれを公言することは絶対にありません。だからコンプレックスに感じている男性が多いのだと思います。**

童貞は女にとって決してマイナスポイントではありません。好きな人の過去の性体験は、ありすぎるよりもないほうが嬉しいというのが男女共通の感覚ではないでしょうか。

ホテルや家に連れ込む際の〔OKセリフ〕と〔NGセリフ〕

いきなり結論から入ります。セックスをしたければ、女性にこう言いましょう。

「俺もうすごい楽しいから、今帰りたくないんだけど……。もし嫌じゃなかったら、うち来ない？」

これは、できればアレンジせず、そのまんま使ってください。女はことばの端々に裏がないか推測します。ニュアンスが変わると良くありません。

自宅ではなくホテルを選びたい人は、「うち来ない？」の部分を「泊まっていかない？」に置き換えてください。

ポイントは、

①自分の気持ち（楽しいから帰りたくない）を伝える
②相手の気持ち（嫌じゃないか）を確認している
③〔ホテル〕という単語を使わない

この3点です。

「過去に同じようなセリフを使って失敗したぞ！」という方もいるかもしれませんが、それはおそらく〔①自分の気持ち〕だけを伝えていたからだと思います。実際に、そういう男性がめちゃくちゃ多いですからね。

ここで、私が過去に言われて気持ち悪いと感じたセリフの一部を紹介します。

ホテルや家に誘う際のNGセリフ一覧

「帰りたくないなぁ〜（チラッ）」
「疲れたし、どっかでまったりしてく？（チラッ）」
「なんかゆっくりできるとこ……カラオケとかホテルとかさ」（遠回し系）
「ラブホテル行きたいんだけど、良い？」（ド直球系）
「タバコ臭くなったし、シャワー浴びたいな」（言い訳系）
「何もしないから、俺の家で飲もう！　ゲームもあるよ」（ペテン師系）
「○○ちゃんの家まで送っていくよ……」（家前グダ男系）

見ていてどう思いましたか？

文字に起こすと、すっごく気持ち悪いですよね。マジメな顔してこんなことを言ってしまう男性が、実に多いんです。

これらのセリフを言われたとき、私は「いや、帰るよ」と真顔で言います。おそらく、多くの女性がそうではないでしょうか。このような男性のセリフは、女同士の飲み会で毎回ネタに上がります。

仮に私自身が「この人となら泊まってもいいかな」と思っていても、相手が遠回しにラブホテルを匂わせてきたり、どこか騙そうと目論んでいたり、「いい雰囲気だし、普通に考えてこの後ホテルだよね」みたいな驕（おご）った態度を取ってきたら、すぐに帰ります。

女性は、相手に言われるまま、流されるまま行動するのではなく、しっかり自分の意思でそうなることを選びたいと思っているんです。選ぶ準備はできているのに、**男性はすぐに「どうにかうまく騙せないか……」という、まるで〝性欲を抱くのは悪いこと〟とでもいうような振る舞いで女を誘導しようとします**。

先ほどのNGセリフはすべて、男性の意思だけで物事が進むようなニュアンスを感じます。こちらへのお伺い、思いやりの気持ちが一切ないんです。

相手の部屋やホテルへ行くかどうかは女にとって重要な決断なので、ことば1つ1つの選び方を間違えると命取りになります。

「もし嫌じゃなかったら来ない？」という言い回しには、強制感がなく、女性の意思で選ばせようとしてくれている柔らかい印象を受けます。

「カラオケでゆっくりしよう」「家でゲームしよう」などは何かをダシに騙そうとしている印象が強く不快なので、ここはしっかり〝相手に選ばせる思いやり〟が伝わることばを選んだほうがいいです（そのほうが、のちのち性犯罪の容疑をかけられるリスクも低くなります）。

しかし、このとき〈ホテル〉というワードは絶対に使わないでください。これは女に罪悪感を思い出させます。

なんか、**〈ホテル〉とか〈ラブホ〉って、酔ってても結構ハッとするワード**なんですよね。知り合ったばかりの男とホテルに行くなんて、そりゃ絶対いかんだろ……って我に返ってしまうんです。

とにかくこの交渉は〝詰め〟なので、女の繊細な心の機微に配慮して、丁寧にことばを選んでください。グダる時間が少なく済みます。

いい雰囲気のレシピ

さて、自宅やホテルに連れ込めたは良いものの、そこからどう振る舞えば女性との距離を詰められるのか、分からない人も多いと思います。そこで、私が考える**いい雰囲気を人工的につくるレシピ**を紹介します。

用意するもの

■**トランプ**

■**お酒**（2人分合計で、缶チューハイ6本＋安いコンビニワイン1本程度　※飲めない場合は、ソフトドリンク）

本項は、女性もお酒が飲める場合を想定しています。飲めない、飲めても少量しか受け付けない、「もう飲めない」と言ってきたりした場合は、強要するのは絶対にやめてください。犯罪になる場合もあります。ジュースやお茶など、ノンアルコール飲料を代用して気分を盛り上げるしかありません。

お互いに冴え切った頭では、いい雰囲気に対する羞恥心がどうしても芽生えてしまいます。

特に女性は、この羞恥心のフィルターによって男性との間にバリケードをつくります。このバリケードがある状態でキスや体の関係を迫っても意味がありません。ゆっくり確実に取り去る必要があります。

自宅やホテルに入る前に好きなお酒を購入し、入室と同時に缶チューハイで乾杯します。

30分ほど飲んで喋って盛り上がったら、次にトランプ遊びを提案します。このとき「負けたほうが少量のワインを飲む」などの罰ゲームを付けると盛り上がります。しかし、繰り返しになりますが、お酒がニガテな人相手に無理をさせることは絶対にいけません。くれぐれも注意して取り組んでください。

罰ゲームとしてお酒が使えない場合は、モノマネをする、歌う、変な顔をつくるなど、盛り上げる代案はちょっと考えればいくらでも出てくるはずです。ベタですが、デコピンやマッサージなんかは自然と体が触れ合うので、いいかもしれません。

トランプはゲームごとに〝**勝敗が決まる時間**〟がおおよそ決まっています。つまりこの**時間差を利用して、自分と相手が酔うペースを調整することができる**んです。

たとえば2人で〔ババ抜き〕なら、1勝負6分くらい。〔ポーカー〕なら3分。もっと簡単な1枚のみのカードで勝負する〔インディアンポーカー〕なら1分以内です。一方で、〔七並べ〕であれば2人でやっても10分程度かかります。

お酒が強い2人であれば、序盤から〔インディアンポーカー〕を10戦ほどやって盛り上がるのが楽しいかもしれません。一方、どちらかが弱ければ、〔七並べ〕や〔神経衰弱〕

をしながらゆっくりお酒を飲んでください。

缶チューハイに加え、時折ワインも飲み、ペースが速すぎたらチェイサー（水や炭酸水）をはさみつつカードゲームで盛り上がる。これで、自然といい雰囲気は合成できると思います。

これは女性と1対1のときだけでなく、男女複数人の飲み会でも使えるテクニックなので、ぜひトライしてみてください。

私が検証した1勝負あたりのゲーム時間の目安は、次の通りです。


ゲーム別・勝敗が決まる時間の目安（2人で実行した場合）

♣インディアンポーカー……1分
♣ポーカー……3分
♣ダウト……5分
♣ババ抜き……6分
♣大富豪（大貧民）……10分
♣七並べ……12分
♣神経衰弱……20分

ディープキスから始めてはいけない理由

男性が良いと思っているキスは、たいていの場合、激しすぎです。おそらく、男性向けAVに影響されているのだと思います。**女がグッとくるタイプのキスは、〝絶対に舌を挿れてくれない鬼焦らしキス〟**から始まります。

一般的に、**ある日突然セックスがつまらなくなるのは、〝てっぺんが見えてしまったことが原因**です。「もう2人でできるエロいことはすべてやり尽くした！」「これ以上はもうできん！」ってなったとき、その後のセックスの興奮度は、一気に下り坂になります。

〝その日のキス〟も同様に、最初から舌をねじ込んで唇に噛み付いて、吸ってしゃぶってぐわぁぁぁ〜〜って全力でやってしまうと、「あぁもうてっぺん見えたわ、これがクライマックスか」ってなります。いわゆる出オチです。セックス前に興奮のピークを持ってきすぎて、もうそれを上回る手段がなくて、出オチ化してしまうんです。

キスはなるべく控えめに。舌を絡ませたくてたまらないのに、体を引き剥がされるくらいの焦らしがちょうど良いです。

貪るようなキスは中盤以降に持ってくるよう、ペース配分しましょう。

セックスで見落としがち……女子が求める理想的な時間配分

《前戯15分・焦らし5分・挿入15分》

これは私と私の周囲の女性（友人・同僚ホステスなど）の意見を参考に算出した数字で、全女性の総意ではありません。しかし、おそらく一般的な性欲を持つ女性が希望する平均値とそこまで大差ないと思います。

ちなみに『女子ＳＰＡ！』が20〜30代の未婚女性２００人に聞いたアンケートの結果、女性にとって理想的な挿入時間は平均14・４分だそうです（【出典】『女子ＳＰＡ！』女性にとって理想的な前戯は平均18・２分）。別のウェブマガジンでのアンケート結果も同様で、女子の理想の挿入時間は10〜20分（ｐ１６８図11）。

なんなら**もっと短いほうがいい（10分以下）と回答した女性が３割近くいる**ことにも注目してください。

これを見て、「みじか！」って思った男性は、別のアンケートにも注目（p168図12）。女性が「最悪だった」と感じた挿入時間は、5分以内（早漏）よりも30分以上（遅漏）のほうが格段に多いんです（なんと1・5倍以上）。

基本的に**男性はなぜか、「長時間＝いいセックス」だと思いすぎ**です。**セックスの時間は短めに、足りないと感じさせるくらいがちょうどいい**んです。

「いやもう要らん、いつまでヤってんねん！　はよイけや」……こう思ったことのある女性、多分めちゃくちゃいます。女同士の会話でも、〈早漏くん〉より〈遅漏くん〉のほうが格段に嫌がられます。アンアン言い続けるのも疲れるし、興奮状態を長時間保ち続けるのにも限界がある。だから長時間セックスの場合、女は後半演技をしているんです。頼むから、さっさとイってください。「セックスの時間が長くて疲れる」は、女が彼氏とのセックスを嫌がる理由第1位でもあります（私調べ）。

実際、私が過去に交際相手の男性とのセックスを苦痛に感じるようになった原因も、このダラダラセックス。彼曰く「いつでもイケるけど、イったら終わるからもったいない」らしいのですが、女からするとこれは「いいからはよイってくれ、しんどい」です。

《前戯15分、焦らし5分、挿入15分》が、私が思うベストSEXプランです。

図11．女性が求める理想の挿入時間

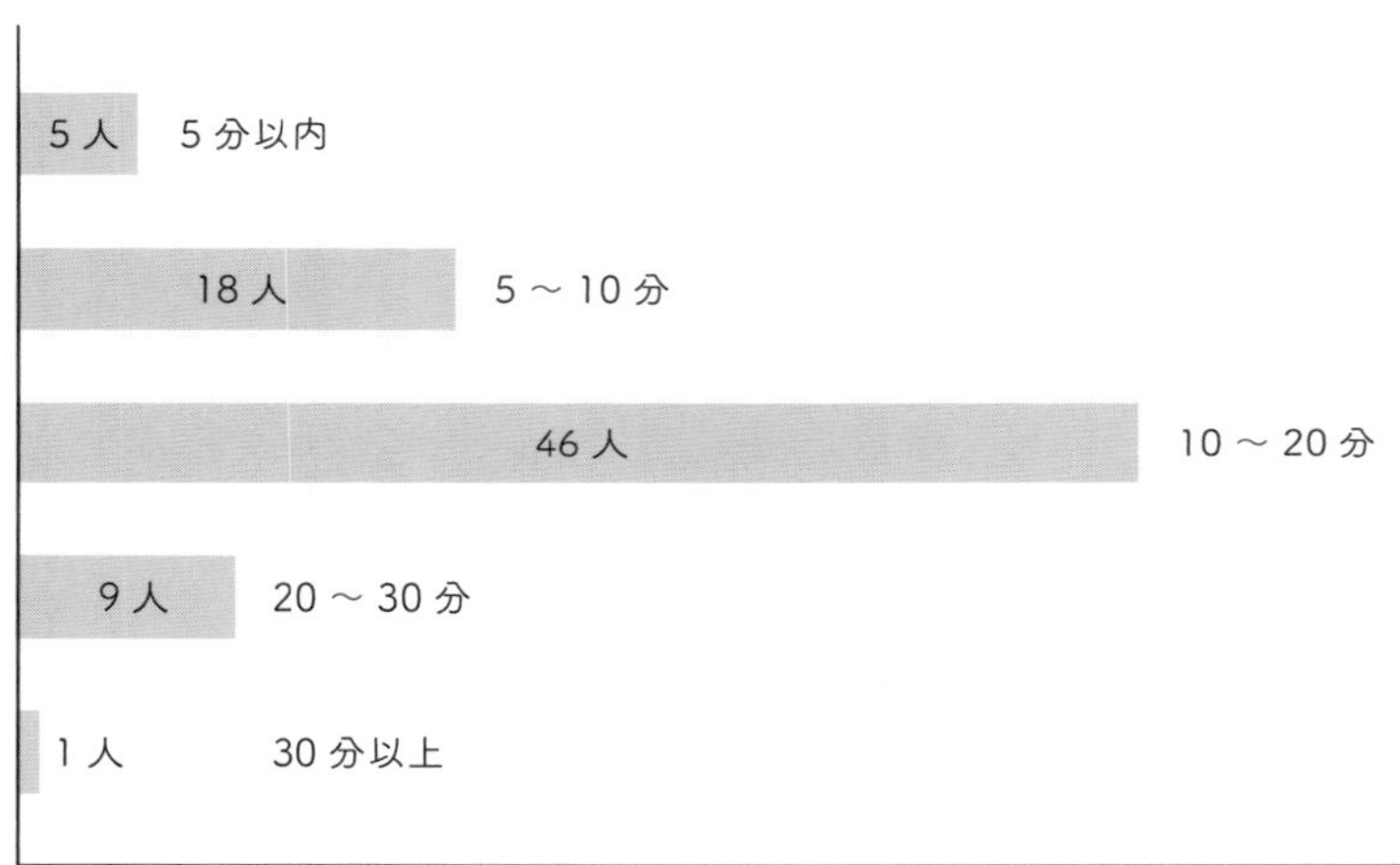

【出典】『VOLSTANISH』女の子が理想の挿入時間って何分？最悪だった挿入時間も聞いてみました。

図12．女性が最悪だと思う挿入時間

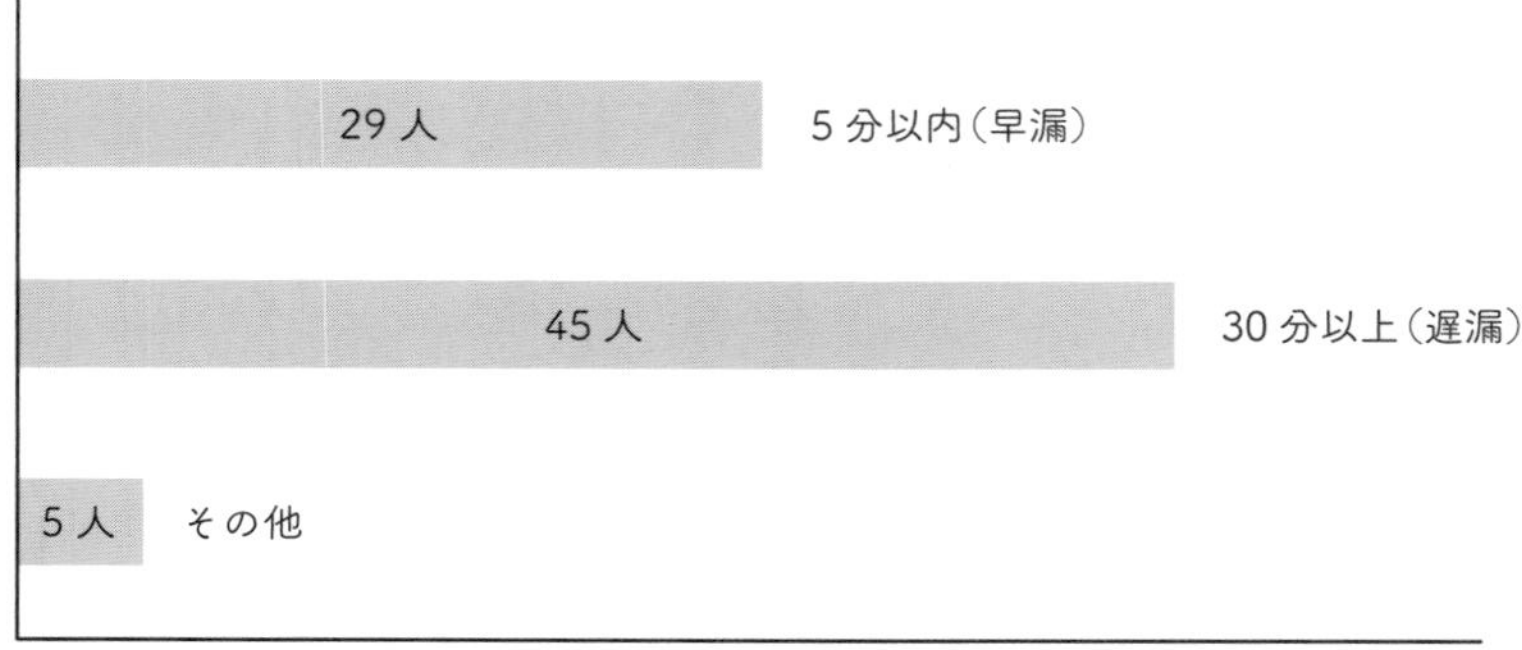

【出典】『VOLSTANISH』女の子が理想の挿入時間って何分？最悪だった挿入時間も聞いてみました。

ピロートークよりオススメしたいセックス後の過ごし方

ピロートークより【風呂トーーク！】

私は、セックスの前に（というか「今夜するだろうな」と思った時点で）必ずお風呂にお湯を溜めます。そうすると事後、スムーズにベッドから浴槽（よくそう）へ移動でき、向かい合った状態で目を見てゆっくり話ができるんです。

そもそも恋愛の教えの中に、《ベッドの上でのことばは信じるな》というものがあります。事前であろうと事後であろうと、ベッドの中での男女の会話に意味なんてありません。事前であれば相手の機嫌を損なわないよう互いにことばを選びまくるし、事後だとどちらかが疲れて寝かけていたり、脳が働いてなかったりします。

そこで一旦気分をリセットするために、お風呂に入るんです。

私は半分魂の抜けたようなピロートークをやめて風呂トークに切り替えてから、交際相手と頻繁に深い話ができるようになりました。

【風呂トーーク！】でよく議題に挙がるもの

- 今日のセックスの反省点と今後の改善点
- 次回やりたい体位やシチュエーション
- 互いのいいところ・悪いところ
- 互いの金銭事情の話
- 互いの結婚観の話

ベッドが〝体のセックス〟であれば、風呂は〝心のセックス〟です。

セックス中は会話なんてほとんどしないし、ピロートークだとどちらかがすぐに寝てしまうので、この風呂トークは個人的にかなり有効でした。

風呂トークを取り入れたことによって、セックスが《単なる性欲処理の作業》から、《性欲を満たしつつ脳で会話するもの》くらいに品質が向上したんです。

これは習慣化してみなければなかなか実感できないと思うので、雑なピロートークでロクな会話になっていない人は、ぜひ1度試してみてください。

第 5 章

高実現率を誇るセックス誘導術

まとめ

〝焦らし〟こそ最強の戦略

女が気を許した途端、飛びつく男は超普通。あえて手を出さずモヤモヤさせると、相手に恋心が芽生え始める。

セックステクは〝経験人数の多さ〟より〝交際期間の長さ〟で決まる

《1人の女性と長期間セックスをした経験》でしか磨かれないテクニックがある。

童貞は隠さずアピールすべし

童貞＝女体への反応がすこぶるいい。童貞が好きな女性は意外と多い。

〔ホテル〕というワードを使ってはいけない

女をハッとさせてはいけない。誘い文句は「うち来ない？」「泊まらない？」。

いい雰囲気をつくるのは、
〔トランプ〕と〔小さな罰ゲーム〕

ゲームの種類で勝敗が決まる時間を調整。
罰ゲームで親密度が上がる。

女がグッとくるのは、
舌を挿れない鬼焦らしキス

出オチ厳禁！
貪るようなキスは中盤以降に。

女子が求める
理想的な時間配分は
《前戯15分・焦らし5分・挿入
15分》

セックスの時間は短めに。
足りないと感じさせるくらいがちょうどいい。

ピロートークより
【風呂トーーク！】

ベッドが〝体のセックス〟ならば、
風呂は〝心のセックス〟。

第 6 章

関係を継続させるメンテナンス術

いかに
〝金をかけないか〟がポイント。

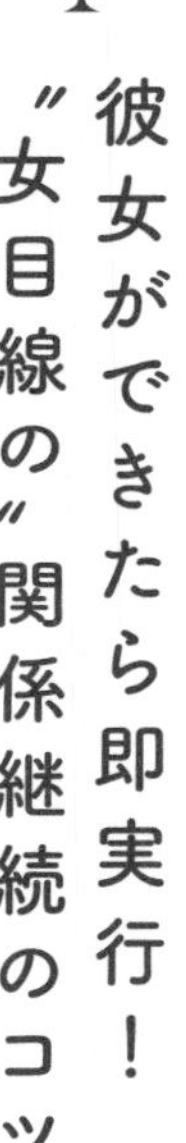

彼女ができたら即実行！〝女目線の〟関係継続のコツ

念願の彼女ができたとき、どうやって継続させるかを知っておかなければ、これまでの苦労はすべて無駄になります。せっかく希望の大学に受かっても、すぐに退学になったら意味ないですよね。

この章では、大学生活の送り方――すなわち、彼女との関係構築法について解説します。事前に過去問を解いていればテストで赤点を取らないように、私が自分や周囲の恋愛状況から導き出した**〝女目線の関係継続のコツ〟**を事前にマスターしておけば、あなたの交際はいつだって安定です。

今彼女がいる人はもちろん、これからつくる予定の人も絶対に読んでおいてください。

ファミレスで充分！ 2人の行きつけの店をつくる

世の中の男性は、「デート＝お金がかかるもの」だと思いすぎです。

もちろん交際前のきわどい期間のデートでは、ある程度お金がかかるかもしれません。でも、交際後はファミレスで充分。その代わり、**2人の行きつけのお店をつくってください。**

《同じ釜の飯を食う》ということばがあります。人は同じ食事や同じ生活を一定期間ともにすると、非常に親しい間柄になるという意味です。

近所の定食屋でもファミレスでも、行きつけのお店があるカップルは強いです。

過去に数年間交際したとある元カレと私は、行きつけのお店を近所に10軒ほど持っていました。中でも特にお気に入りの〔魚の漬け丼定食〕をワンコイン（500円）で出してくれるお店には、毎週月曜と木曜の晩に必ず行くと決めており、トータルで数百回通ったと思います。

そこまでせずとも、何を食べるか迷った際に「いつものとこでいいんじゃない？」と言い合えるお店があることは、2人の仲を良好にする1つの要素になり得ます。

「あのお店は私とあなただけのお気に入りだよね」って、2人の共通認識を多く持っているカップルは周りを見ていても長く続いています。

そもそも〝食の趣味が合う〟って、将来を考える上でものすごく大切なんですよね。だって、野菜がニガテな私は野菜大好きベジタリアンの男性は絶対に選ばないし、「恋人同士のディナーにワンコインの漬け丼とか物乞いかよ！」っていう高級志向の男性もムリです。

自炊であっても同じです。**2人でよく食べる定番の食べ物**ができてくると、女は心地よく感じます。定番の食べ物であれば、お互いにつくり方を見て大体把握していることが多いので、2人で分担して素早くつくることもできます。

女にだけ料理をさせて自分はテレビを観て待っているような、**生活力と思いやりのない男性は絶対にモテない**ので、2人で一緒につくった食事を2人で一緒に食べるのが理想的です。

《同じ釜の飯を食う》とは、そういうこと。一方が与え、一方が与えられた飯をただ同じ時間に食うことではありません。

共通認識である行きつけのお店や、共同作業での自炊は、2人の関係を徐々に確かなものにしてくれるはずです。

最高のデートスポットは、自宅

私が交際相手を選ぶ理由の1つ、それは**デートプランニング能力の高さ**です。男性とのデートって、鬼のようにクソつまらないものから、一生忘れられないものまでピンキリあります。

私は過去に「顔が好きだから付き合いたい」と神社で自らお願いまでしたものの、交際前のデート（全4回）がつまらなすぎて、告白をお断りした男性がいます。

勝負どきである交際前に、毎回〝飯食ってバー行ってカラオケで歌う〟という超ワンパターンデート。私はこれをされた結果、「この人には想像力がないんだな」「付き合っても毎日どうせつまんなそう」と感じたのです。

付き合うことになった後のデートだってそう。**世の中の男性は、「デート＝外食・お出かけ」だと思いすぎ**です。毎回毎回ショッピングや水族館、レストランや夜景のきれいなスポットに出かけていては、交際費がバカになりません。その上、そんなワンパターンなデートではすぐにマンネリ化してしまいます。

デートの大半は自宅でいいんです。気取ってやたらとお出かけするより、2人で自宅でできる楽しみ方を見つけているカップルのほうが、関係を長く継続できます。

たとえば、こちらはおうちデートの一例です。

おうちデートの一例

- DVD鑑賞（Netflix や Amazon Prime なども）
- ゲーム対戦
- 2人で料理をつくる
- 友だちを呼んで複数人で鍋をつついたり、手巻き寿司パーティーを開く
- 時間を気にせず1日中ベッドで過ごす
- 入浴剤（中に人形が入ったものがオススメ）を入れてゆっくり風呂に入る
- ゆっくりセックスする

ほとんど、ただの日常ですね。このとき**オススメなのは、こんな日常でさえも無理やりイベント化して盛り上げてしまうこと。**私が付き合う男性は、平日夜に部屋で過ごす時間さえもきちんとプランニングして、〝デート〟にしてしまいます。

LINEなどのSNSやメールで事前に告知すると盛り上がるんですよね。

たとえば、これは実際に彼氏から私に送られてきたプランです。

彼氏

18：00こしき（私）の家集合↓風呂沸かす↓ごはん↓風呂↓映画鑑賞↓仮眠↓テレビで深夜のスポーツ観戦

私

いいねー。そういう事前のプランニング好き！

一方で、私も負けじと自分のプランを送ります。こんなふうに、招待状っぽくして……。

私

キムチ鍋パーティーのお誘い　■開始時間……本日19：00
■コース内容……キムチ鍋＋リゾット＋お茶
■場所……こしき邸　※来れなくても始めます。

彼氏

分かった。今から向かうー

こうして《ささいな生活をデートに変えられるカップル》は強いです。無駄に張り切る必要がないし、お金もかかりません。プランニングさえすれば、ちょっとした日常でもすべてデートになるんです。

日常生活をデート化しましょう。「この人といると、ただの生活も全部がイベントだな」と思わせてくれる男性から、女は離れられません。

セックスは、しつこく求めるくらいがちょうどいい

「そんなに体ばかり求めたら、嫌われるのでは？」と思われるかもしれませんが、好きな人からセックスを求められて嫌な気分になる女はいません。そんな女は彼氏のことを大して好きじゃないか、セックスそのものに嫌悪感を抱いているかのどちらかです。

私がこれまで接してきた数百人の女友だちやホステス仲間の話を聞いていても、**「彼氏とのセックス回数が多くて嫌だ」という人は見たことがありません**。むしろ逆です。**女の悩みの99・9％は〝セックスレス（セックスを求められないこと）〟**にあります。

✦コラム✦結婚前のセックスレスは、カップルの終わり

私自身、過去に長年付き合っていた男性とセックスレスに陥ったことがあります。ほぼ同棲してるのに、求められるのは月1〜2回。私は週に3回はしたいのに、もともと性欲の少ない彼は全然応じてくれず、数年間苦しんだ経験があります。特に少ない時期は月1回以下で、「このままではやっていけない」と感じた私は何度も話し合いを持ちかけました。

女のほうから「私はもっとセックスがしたいのに、あなたがしてくれない」って男に訴えるときの虚しさ、分かりますか。頭では、もうどうにもならないって分かってるんです。

そのとき女の脳裏に浮かぶのが、〝浮気〟です。自分を女として求めてくれない男の側に、ずっといることはできません。

「結婚したら、もっと少なくなるのかな？　もしこの人と結婚したら、私の人生、女としては終わりってこと？」……そう思った途端、もう他にいきたくなります。

心と体、そのどちらかが満たされていないとき、女は次の男を探します。

私は浮気こそしませんでしたが、別れてしばらくした後、狂ったように他の男性とセックスしました。溜まっていた性欲が爆発したんですね。

結婚の話も出ていない段階でセックスレスになったら、そのカップルはいずれ終わります。彼女に性欲を溜めさせないためにも、過剰にセックスを求めることは重要です。彼女が週に3回セックスをしたい人なら、男性は週に5回求めるくらいがちょうどいいと思います。

要は、彼女を常にお腹いっぱいの状態にさせるんです。

女は「もうセックスはいいわ」って状態のとき、普段より身持ちが堅くなります。逆に「セックスが足りない」って状態のときは、自分のボーダーライン以下の男とでもセックスできてしまうんです。それは男性でも同じではないでしょうか。

「彼氏に毎晩求められて困っちゃう……」という女で、浮気をしている人を見たことがありません。セックスは過剰に求め、しかし体に無理はさせないようにしましょう。女側に断らせるくらいがちょうどいいです。

今の時代だからこそ、メールやSNSよりも【交換日記】をする

彼女との関係構築に悩む男性には、〝心のメンテナンスツール〟をつくることをオススメしています。

男性って女同士のように密なコミュニケーションを取れない人が多いから、女性は彼氏に対して〝ぶつけるほどでもない些細な不満〟を抱えた状態になりやすいんですよね。その火種は放っておくと、別れの要因になってしまいます。

そこで事前に、**コミュニケーションをしっかり取るためのツールをつくっておく**んです。

私と彼は、交際3ヶ月目頃から**【大人の交換ノート】**という既製品のノートを使って（『大人の交換ノート』〈いろは出版〉を使用）、お互いのコミュニケーションの充実や、心のメンテナンス作業を行っています（p184写真3）。

この**【大人の交換ノート】**は、最近巻でも少し話題になっているアイテムです。恋人や夫婦間のコミュニケーションツールとしてつくられたものですが、単身赴任で小学生の子供との会話が不足しがちなお父さんなど、親子間で使っている人もいます。要は**《普段の会話だけでは届かない心の深い部分のメンテナンス》**に使えるんです。

写真3．著者と彼氏が使っている【大人の交換ノート】

ごちゃごちゃ言うより見せたほうが早いと思うので、実際に私と彼が使っているノートをここに載せます。表紙のラインナップは3色くらいありましたが、私は彼に受け入れてもらいやすいように紺色のものを選びました（赤だと「これは女がやるものでは？」と敬遠されてしまいそうなので）。

この交換ノートを始める前、私は彼と自分の脳（思考回路）に大きな乖離（かいり）があることが不満でした。そのことが原因で別れを考え、彼に心からコミットできなかった時期もあります。「自分に理解できない男」を好きになるのは怖いんです。

しかし、この交換ノートを3ヶ月ほど使った頃から、私は彼を心から信頼し、全力でコミットできるようになりました。彼への理解と信頼確認の作業が完了したんですね。その過程の一部を紹介します。

1 自己紹介

まずは自己紹介。左が私で、右が彼（p186写真4）。

2 ふたりの約束

次にルール設定をします。この交換ノートを提案したのは私ですが、意外なことに彼のほうがノリノリでルールを提案してきました。7つのルールのうち、私が考えた3・4・7番目以外は彼氏の字です（p186写真5）。

【ふたりの約束】

- 1回書く毎に1コホめる
- 絵を書く
- 書きたいときに書く
- 30日以内にまわす
- 字をきれいに書く

写真4.「ふたりのプロフィール」

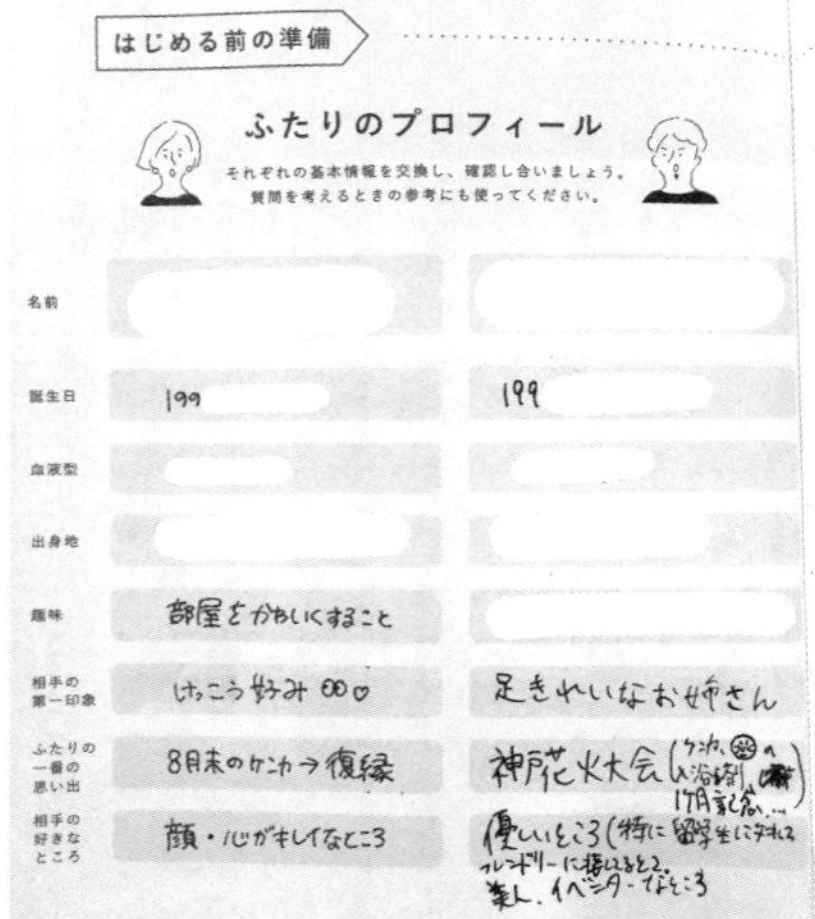

はじめる前の準備

ふたりのプロフィール

それぞれの基本情報を交換し、確認し合いましょう。
質問を考えるときの参考にも使ってください。

名前		
誕生日	199	199
血液型		
出身地		
趣味	部屋をかわいくすること	
相手の第一印象	けっこう好み	足きれいなお姉さん
ふたりの一番の思い出	8月末のケンカ→復縁	神戸花火大会（ケンカ、浴衣、17月記念…）
相手の好きなところ	顔・心がキレイなところ	優しいところ（特に留学生に対してフレンドリーに接しるところ。楽しい、イベンターなところ

写真5.「ふたりの約束」

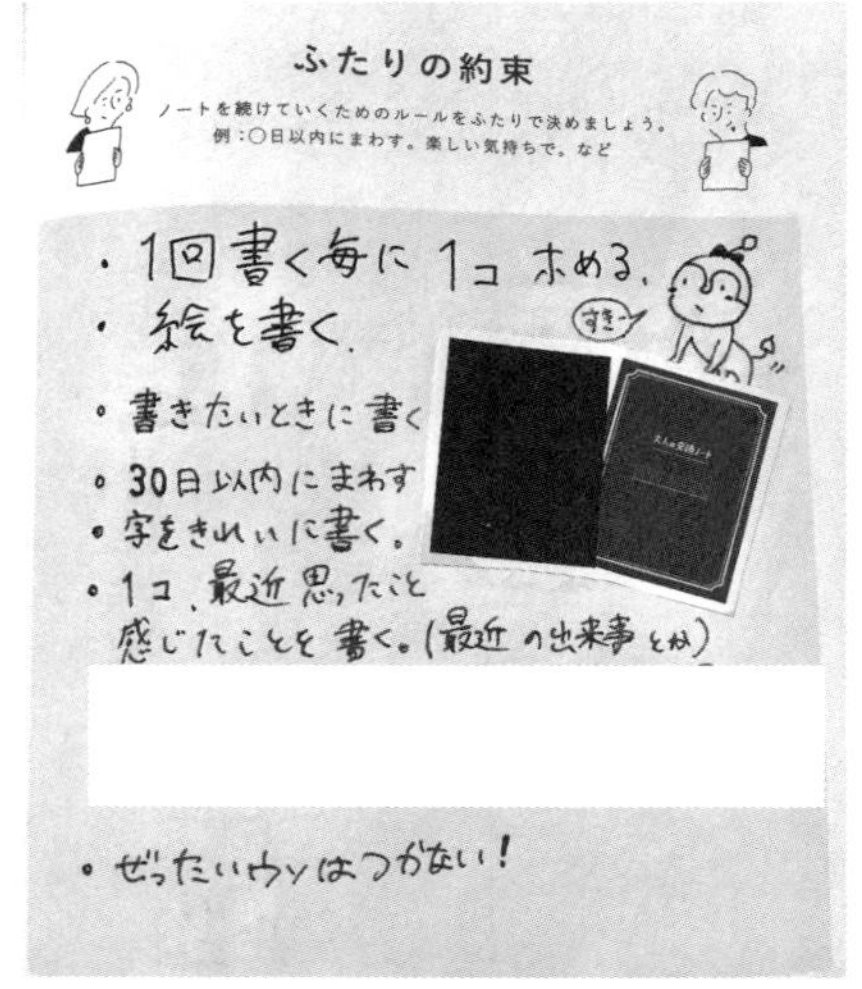

ふたりの約束

ノートを続けていくためのルールをふたりで決めましょう。
例：○日以内にまわす。楽しい気持ちで。など

- 1回書く毎に1コほめる。
- 絵を書く。
- 書きたいときに書く
- 30日以内にまわす
- 字をきれいに書く。
- 1コ、最近思ったこと感じたことを書く。（最近の出来事とか）
- ぜったいウソはつかない！

・1コ、最近思ったこと感じたことを書く（最近の出来事とか）
・ぜったいウソはつかない！
（※以下、原文ママとします）

この辺りを積極的に取り組んでくれると、「この人、私との関係にめちゃくちゃコミットしてくれてる……」と感じるのでオススメです。

なんならアマゾンで勝手にノートを買って、ルールを2～3個書いて彼女に渡すくらいでちょうどいい。大半の女は、小学生の頃に交換ノートを散々やっているので馴染みがあります。**彼氏に心のやりとりを提案されて、喜ばない女はいません。**

はじめの質問

はじめの質問は決まっています（p188写真6）。

（？）今、どんな気持ちですか？

写真6.「今、どんな気持ちですか？」

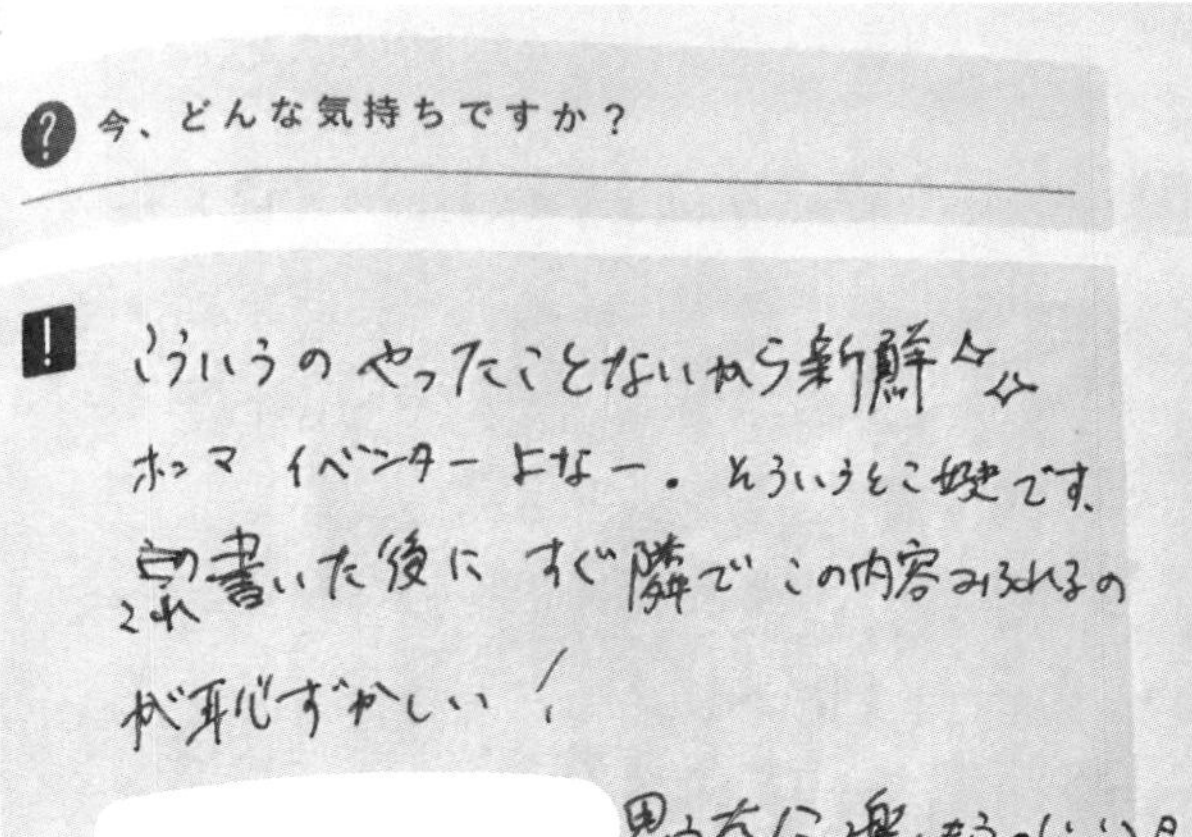

（！）回答者：彼氏

こういうのやったことないから新鮮！

ホンマ イベンターよなー。そういうとこ好きです。これ書いた後にすぐ隣でこの内容みられるのが恥ずかしい！

思う存分楽しもう٩(´ω`)۶

彼のこの〝なんでも受け入れる姿勢〟は本当に大好きで尊敬します。

4 価値観の共有

ここからはオリジナルの一問一答をぶつけ合います。まずは私からの質問です。

（？）質問者：こしき

私と付き合って、変わったことは？

（！）回答者：彼氏

価値観

たとえば……

・付き合ってても女遊びOKと思ってた（こっそり……）

・マウント取りがなくなった（女には敵わん……）

・両親と仲良くなった

・想いが強すぎるのもダメってことがわかった

・自分の結婚後の理想像を確立できた

・休日の過ごし方（before：バイクで寺神社、1日中ベッド／after：毎週おでかけ、楽しい）

・身の回りの風景（グレー→ピンク）

なんかもう、こんなの読んだら嬉しいですよね。ここまで満足させてくれたら、「よーし他の男にいくぞ〜！」ってなりません。彼のことがますます好きになります。

「想いが強すぎるのもダメ」というのは、彼が1度私への気持ちを暴走させ、ストーカーのような状態（常に不安で浮気を疑っている状態）になってしまったことがあり、そのことが原因で1度私から別れを切り出したためです。

過去の別れの原因を見直し、それによって変わった価値観を共有することで、2人の関係はより強いものになります。流れてしまう会話ではなく、こうして**書き留めることは〝共有〟という観点で非常に有効**です。

共有事項を1つでも多くつくりましょう。それは、いつの日か女が離れていくのをつなぎ止める役割をします。

5 関係における不足の確認

続いて、彼から私への質問。

(?) 質問者：彼氏
いま2人に足りないものは？（これが欲しい！　ここに行きたい！　～をしたい！　ていう観点から。オカネとかはダメ）

(!)回答者:こしき

想い出(※本文はかなり長いので省略)

こういうテーマの話って、普段の会話だとなかなかしないじゃないですか。私は付き合ってる男性に、「ねぇ、今の俺たちに足りないものってなんだと思う?」なんて聞かれたことないです。聞くほうも聞かれたほうも恥ずかしすぎますよね。

でも交換ノートなら、結構サムいことでも平気で書けてしまいます。

私はこの回答に、「まだまだ想い出が足りない。今後は想い出に残るような行動も意識して付き合っていきたい」というささやかな希望を書きました。

他の男性とは絶対にしない、脳の深い部分での会話。これがこのノートの醍醐味であり、彼氏と他の男を差別化する〝より深い部分での共有〟をつくり出す、重要な過程だと思います。

今後の希望を共有

お互いの希望をたずねて共有したりもします。

(?) 質問者：こしき

今後2人で行きたいとこ・やりたいことは？

(!) 回答者：彼氏

〔1．富士急旅行〕

★スノボ、地獄谷温泉……

★長年彼女いなかったから、カップルで行くとこやけど行けんかったところがめっちゃある！

★そこらへんまとめて行きたいなぁ

〔2．城崎 or 道後温泉〕

★1泊2日の温泉旅行！　浴衣着てご馳走たべたい！

〔3．TDL〕

★TDL内のホテル泊して一日中あそびたい～

こうして**互いの希望を書き出して共有していると、実現も早くなる**んですよね。行きたい場所・やりたいことをリスト化できていれば、相手の誕生日や記念日の行き先に選んでサプライズを演出することもできるので、非常に便利です。実際、この中のほとんどの項目は既に叶えています。

別れの因子を抽出

自分の改善点をたずね、別れの因子を事前に突き止めることもできます（p195写真7）。

（?）質問者：彼氏

〇〇（彼氏）のなおしてほしいところ

（!）回答者：こしき

★朝ルーズにだらだら寝るところ

★記憶力がカスなところ

★人の話を全然聴いてないところ

このあたりは、多分会社に入って何度か怒られて（特に人の話を聴いてないところ、仕事では致命的）、少しずつ改善していくだろうなって思ってる。とくに○○（彼氏）は伸びしろしかないから、1年後2年後は全然ちがう人になってそう。

あとは……

☆本を読まない

☆とっさの機転が効かない↑ウソがつけないのは私としては有難いけどね！

☆家での食事代は私が請求しないと払わない（せめて、「いくらだった？　半分出すよ」って言ってほしい）

（※これらは私にとって、すべて別れの原因になり得る項目でした）

《彼氏の性質を変えることは難しいから、彼氏に不満があるならそもそも違う人間を選び直したほうが早い》――私は本来そう考えているため、これまで付き合ってきた男性に対してはダメ出しや改善要求をほとんどすることなく、「あ、違うな」って思ったら別れてきました。実際、そういう女性（突然別れを切り出す・音信不通になる）はかなり多いと思い

写真7.「○○（彼氏）のなおしてほしいところ」

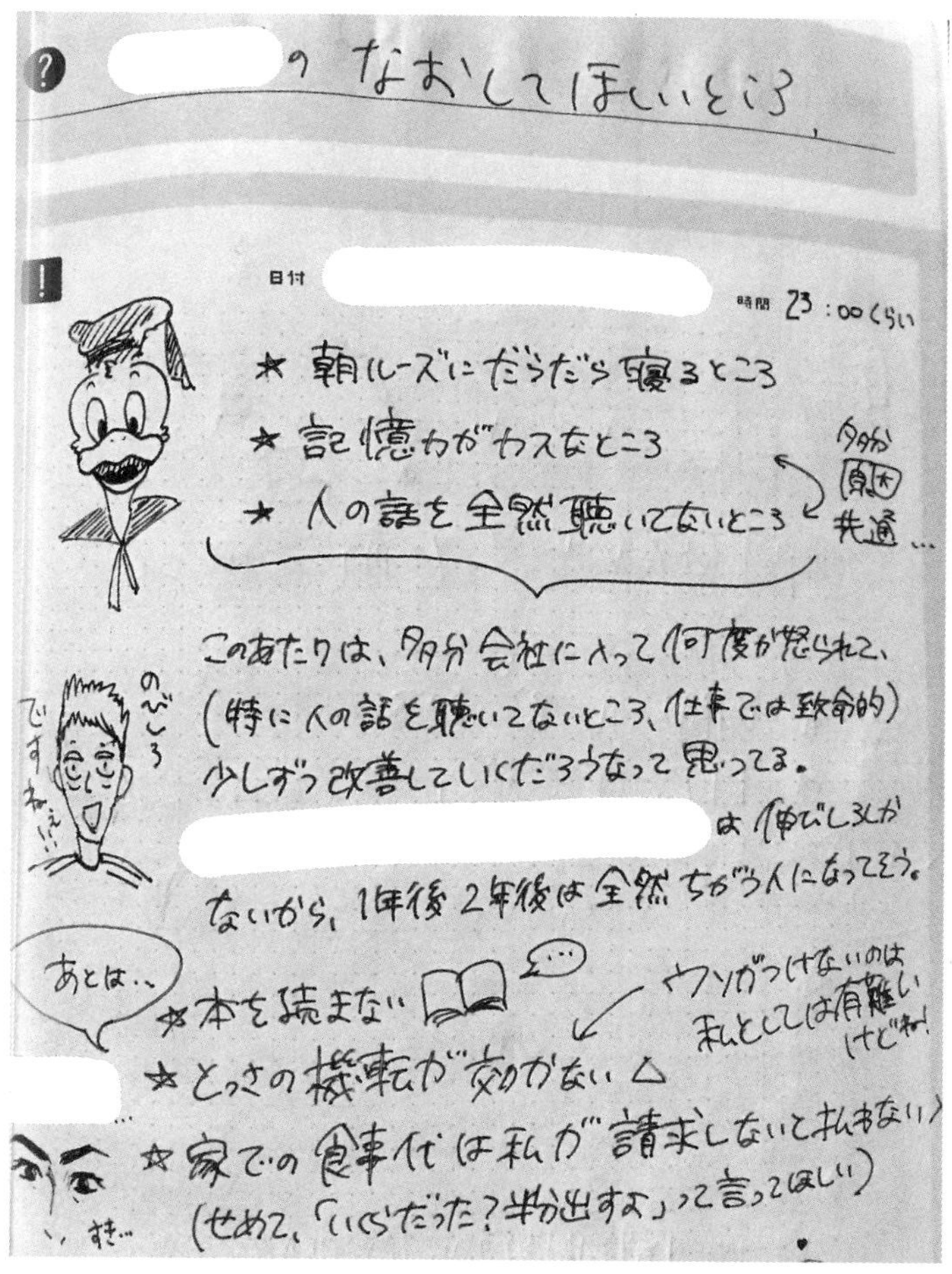

のなおしてほしいところ

日付　　時間 23:00くらい

★朝ルーズにだらだら寝るところ

★記憶力がカスなところ

★人の話を全然聴いてないところ

多分原因共通…

このあたりは、多分会社に入って何度か怒られて、
(特に人の話を聴いてないところ、仕事では致命的)
少しずつ改善していくだろうなって思ってる。

は伸びしろが
ないから、1年後2年後は全然ちがう人になってそう。

あとは…

★本を読まない

★とっさの機転が効かない △

ウソがつけないのは私としては有難いけどね！

★家での食事代は私が請求しないと払わない
(せめて、「いくらだった？半分出すよ」って言ってほしい)

ます。

しかし一方で、こうして**丁寧に不満を聞き出してくれる環境があれば、急に別れを切り出すことなく2人で対処していけるん**だと実感しました。

口では伝えにくいことでも、文字でなら伝えられる。お互いの不満は常に聞き出し、共有・改善するよう心がけています。

8 成長の確認作業

また、互いの成長の確認作業をすることもあります。当時はちょうど付き合って半年を過ぎた頃だったようです。

(?) 質問者：こしき
祝半年！　この半年で○○（彼氏）が人として成長したと思う部分は？

(?) 質問者：彼氏

祝200日！　この200日でこしきちゃんが成長したと思う部分は？

こうして自分の成長を書き出して実感する、また、それを相手に共有する作業は、**「2人の関係が有意義なものである」と再確認**させてくれます。この共有が、**女の心を知らず知らずのうちにしっかりつなぎ留める**んです。

会社でも同じですね。〝自己成長の振り返り〟は、自分の仕事にやりがいを持たせ、会社への愛着や仕事への責任感を育てるために行わせる、いわば洗脳作業のようなものです。半期に1度、自分の仕事の成果を振り返り、上司に提出している人も多いのではないでしょうか？　この交換ノートは、それと同じです。

9 エロのベースアップ要求

一方で、こんなアホなページもあります（p198写真8）。

(?) 質問者：こしき

私の体で「もっとこうなってほしいとこ」は？

写真8.「私の体で『もっとこうなってほしいとこ』は？」

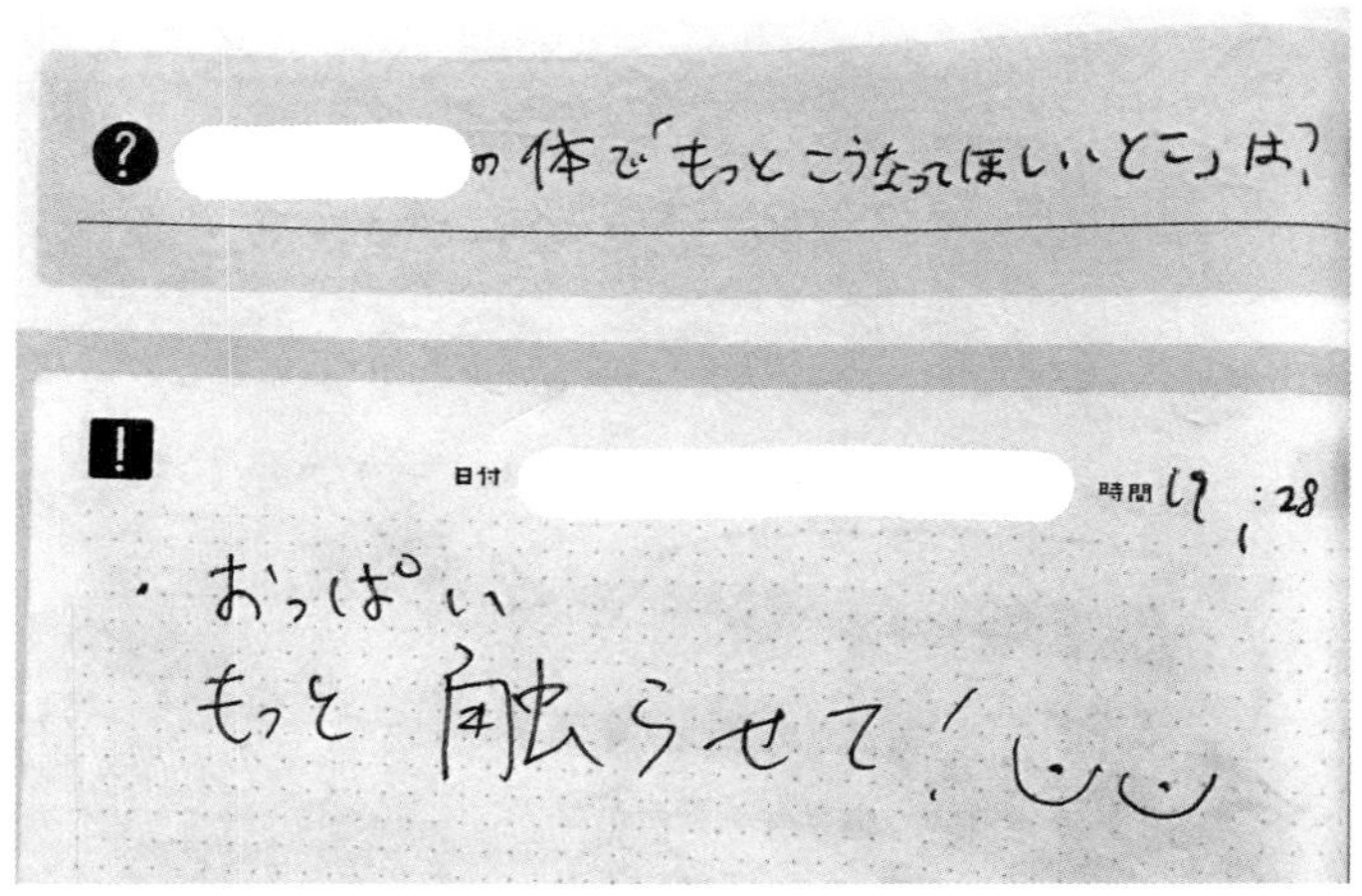

(!) 回答者：彼氏
おっぱいもっと触らせて！

これは予想外の回答でした。私がこの質問をした理由は、「最近脚が太ってきたから痩せたほうがいいかな……」と思っていたからだったのですが、彼からするとそんなことはどうでもいい問題だったようです。そんなことよりおっぱいおっぱい。安心しました。

こうした男女間の視点や価値観の違いに気付くこともできるのが、このノートのいいところです。

以上が私と彼の交換ノートの中身になり

ます（少し過去の内容ですが）。

女は共感を大切にする生き物なので、自分と極端に違う考え方を嫌います。そして**恋人となる男性のことは、すべて理解していないと気が済まない**んです。

一方で、この手の〝女が好む気持ちの通わせ方〟に付き合える男性はかなり少ないので、この部分を大切にしておくと**「この人は他の適当な男とは違う、コミットすべき人だ」**と思わせられます。

【大人の交換ノート】は深層心理のメンテナンスが簡単に行えるので、彼女を大切にしたい男性にはぜひオススメしたいアイテムです。

会いたいときになかなか会えない遠距離恋愛でも、高い効果を発揮すると思います。

重要なのは〝相手へのコミットを示すこと〟

ここまで読んでお気付きの方も多いと思いますが、**この章で紹介してきた項目はすべて、相手へのコミットを示す行動**なんですよね。女の心をつなぐ方法とは、要するに〝その女へのコミットをいかにうまく示すか〟なんです。

よく、「1人の女にコミットすると良くないから浮気して分散しろ」という突飛な謎理論を見かけますが、そんなものは自分をコントロールすることのできない心の弱い男の言い訳です。自分に自信がないから、素っ気ない振る舞いで気を引こうとしたり、振られたときのリスクを緩和するために浮気をします。

でも果たしてそんな言動が、5年後・10年後の2人の未来や、将来生まれてくる子供の幸せをつくるでしょうか。

浮気やコミット量の不足（彼氏が構ってくれない、なかなか結婚してくれない、将来が見えない、セックスレス……etc）は、**いつの時代も女が男と別れる原因トップ3**に入ります。

実際、私はもちろん、周囲の女性の別れの原因を見ても、いずれかに当てはまる場合が圧倒的に多いです。多分、これを読んでいるあなたの周りにも多いですよね。別れの原因の大半は、この〝コミット不足〟です。

世界的ベストセラー恋愛本でも推奨する〝ノンコミット〟を真っ向から否定する理由

世界的に有名な女性向け恋愛セオリー本に『RULES（ルールズ）』（E・ファイン、S・シュナイダー（著）／キャシー天野（訳）／青春出版社　※日本語版の場合）という洋書があります。アメリカだけでも200万部以上売れ、世界28ヶ国で翻訳されたほどの大ベストセラー本です。実はその本ですら、「女は決して1人の男にコミットするな！　コミットすると飽きられる。男は手に入った女には餌をやらない」という理論が軸になっています。

世界中の女性が盲信しているノンコミット・ルール

- 自分から男にメールを送るな。
- 土日のデートはその週の水曜日で締め切れ（自分の価値を吊り上げる）。
- 男とは中間地点で落ち合うな。ただのデートでも自分の家の近くに来させろ。
- いい人が見つかっても結婚の約束をするまでは他の男とも会い続け、出会い系サイトも退会するな。よりいい男を探し続けろ。

こんな女、どう思いますか？　付き合う前から自分にまったくコミットしてくれず、付き合ってからも他の男の影が完全には消えない。「手に入りそうで入らない距離をつくれ！」という教えを忠実に守り、そうすれば愛されると信じている女。

サムいですよね。こんな彼女、面倒臭いです。「それならこっちもコミットしてやんねーぞ、タコ！」って思いませんか？　素直に1人の男性にコミットしてる女性のほうが、よっぽど可愛らしくて好かれるのに、と私は思います。

男性でも同じです。**こちらにコミットせず、駆け引きばかりしてくる男に、心の底からコミットし続けてやろうと思う女はいません。**

結局は、シンプルにコミットし合い、お互いを大切にしているカップルが1番長く続きます。

そんなこと、小学生でも分かってますよね。

浮気で1番怖いのは、知らず知らずのうちに相手を大切にできなくなってしまう自分自身の心の腐食です。浮気は相手と自分の人生の両方に、トラウマと歪(ゆが)みを生じさせます。

もう2度と、他人を信じられなくなるんです。

コミットしないほうが関係がうまくいく！なんて身勝手な言い訳は捨てて、結婚前から浮気をしなければいけない程度の相手とは早急に別れたほうがお互いのためだと私は思います。

第 6 章

関係を継続させるメンテナンス術

まとめ

日常生活をデート化する

デートの大半は自宅でOK。
日常さえもイベント化して
盛り上げられるカップルは強い。

セックスは、しつこく求めるくらいがちょうどいい

彼女をお腹いっぱいにして浮気を防ぐ。

【交換ノート】で心をメンテ

普段の会話では届かない
心の奥深くをケアする
コミュニケーションをつくっておく。

相手にコミットしていることを示す

付き合い続けたいなら、まずはコミット。
男性の浮気やコミット量の不足は、
いつの時代も女が別れを選ぶ原因。

第7章

別れのピンチを乗り切る方法

別れてから"2週間"の行動に、
すべてがかかっている。

経験則で編み出された【復縁の公式】

交際関係を長く続けるためにいくらメンテナンスを頑張っても、避けられないことがあります。それは〝別れのピンチ〟。

価値観の違いによるケンカ、遠距離による会う回数の減少、多忙による生活スタイルのズレ……。カップルによって理由や頻度は様々ですが、別れのピンチはほぼ間違いなく、1度は訪れます。

この章では、そんなときにオススメの解決法を提案します。

この【復縁の公式】は、私が〝自分の恋愛経験〟や〝周囲の男女関係〟を観察する中で編み出した**完全オリジナルの方法で、他の本やインターネット上の記述をどれだけ探しても載っていません**。しかし、**非常に効果があります。**

相手に絶対に悟られないように、慎重に使ってください。

「別れよう」と言われたら、とにかく凹む

女は、自分が「別れよう」と言ったときの男性の態度（表情や言動）をよく見ています。私の歴代の彼氏の中には、別れを告げると「ほなもうええわ！」と逆ギレし、「こっちこそ別れてやるぁ！」みたいな態度を取った挙句、1ヶ月ほど経って「ねーねー、俺たちって本当に別れたの？　やっぱり戻りませんか……？」みたいなクソダサいことを言ってくる人がいましたが、そんな言動のブレは男として見損ないます。

でもこれやっちゃう男性多いんですよね。勢いで別れて一生引きずるタイプのやつです。

しかし、**女が「別れよう」と告げた瞬間に男性側がツンとした態度を取ると、その速度が〝新幹線〟から〝光の速さ〟くらいに急上昇します。**

別れに関しては、女の切り替えは新幹線ばりに速いです。

「私がどうしようと、関係ないんだな」
「なんでこんな人と付き合ってたんだろう」

「もう私に価値は感じてないってことね」
女性からこう思われてしまったら、光速でバイバイです。

「彼氏のどんなところが好き？」と聞かれたときに、「私のことを愛してくれるところ」と言う女性がよくいます。つい先日もテレビの街頭インタビューでこう答えてる女性をたくさん観ましたが、女の〝この人が好き〟の根底にはいつだってこれがあるんですよね。

《自分を愛してくれる男を愛したい》

復縁（仲直り）において、この心理を利用しないのはアホです。女が自ら離れていった場合であっても、この心理だけは覚えておいてください。

別れようと言われたら、とにかく凹んだ姿を見せる。復縁を望むのであれば、これが1番効果があります。

あえて完全に連絡を断つ

相手と復縁したければ、**別れてから（あるいはケンカしてから）〝2週間〟は完全に連絡を断ちます。**

この間、相手が見てるSNSの更新もNG。LINEのアイコンや一言を変えるなど、ちょっとした細かい変更も禁止です。とにかくあなたの存在を、彼女の目の前から完全に消し去ります。そうすると、女側の心境としては、「あの人は今、どんな気持ちで、毎日何して過ごしてるんだろう……そもそも今生きてるの？　死んでるの？　謎すぎる……」と、**一切情報の得られないあなたの存在が次第に気になり始めます。**

逆に、彼女とつながっているTwitterに「別れは出会いの始まり」とか書いてみたり、LINEの一言メッセージに「失って初めて気付くもの」みたいな謎のポエムを載せてしまう男性は、女からすると大変キモいです。彼女の気を引こうとして、Instagramにわざと楽しげな写真を載せてみたり、Facebookのアイコンを変えちゃう男性なんかも要注意。

別れて2週間以内に、彼女（元カノ）が見ていると知りながら起こす行動はすべて〝構ってちゃん〟だと認識されます。

この2週間という期間は絶妙で、たいていの女性がこのくらいで「淋しい」と感じるようになります。実際私もそうだし、周りの友だちを見ててもそうです。

10日〜20日くらいの冷却期間で復縁するカップル、めちゃくちゃ多くないですか？

最初の1週間は〝怒り〟とか〝別れたことによるスッキリ感〟のほうが勝っていて、そこまで淋しさを感じません。なんなら周囲の友だちや家族に「別れてせいせいした！」と愚痴（ぐち）ってる頃だし、その翌週には今まで行かなかった飲み会にも呼ばれて、「1人も結構楽しいじゃん！　いけるいける！」ってなってます。

でもそんなハッピーな期間も、別れて2週間がいいところ。**2週間も過ぎると、〝怒りの感情が和らぐタイミング〟＆〝淋しさのピーク〟が訪れます。**

とはいえ2週間以上の期間を空けて、1ヶ月後・2ヶ月後とかになってしまうと、〝淋しさに慣れる〟〝他に男ができる〟みたいな切り替え作業が完了してしまうので、**長すぎる沈黙は逆効果。**連絡を断つ期間は、2週間がベストです。

もちろん、この間に相手から連絡が来たら、返信してOKです。

【復縁レポート】を作成する

連絡を断っている2週間の間、あなたには大事な宿題があります。

その辺のノートかスマホのメモ帳に、しっかり考えた**〈俺たちが今後交際していくための具体策〉**をまとめるんです。いわばこれは、落第を免れるためのレポートのようなもの。そう【復縁レポート】です。

復縁って勢いよく謝罪するだけじゃダメなんです。丁寧に修復しないと、別れに発展するほど揉めた関係はすぐにまた壊れます。

過去に大ゲンカをした際、私の彼氏はこの【復縁レポート】をスマホのメモ帳でつくっておいて、それを対面で読み上げる形式で話し合いに挑んできました(恥ずかしい!)。これがあるのとないのとでは、やっぱり復縁を迫られる側の心境も変わります。本気度が伝わるんです。

「考えるの面倒臭い」って人とか、「ケンカの原因がくだらなすぎて、まとめるようなことなんてねーよ!」って人は、**ポーズだけでも構いません**。

「家で色々考えてきたよ」
「この2週間、キミのために時間を使ったよ」
「俺は本気だよ」

これだけ伝われば充分です。とりあえず、何か書いて持って行ってください。何か書いて持って行ってください（大事なことなので2回言いました）。**何かをどこかに書いて、それを目の前で読むんです。女はそれが好きです。**

【キミは俺のすべてだったよ作戦】で仕上げる

彼女との復縁のために、〔俺たちが今後交際していくための具体策〕をまとめた**【復縁レポート】**を提出したあなたは、さらに追い討ちをかけるかのごとく、次の作戦を実行してください。

【キミは俺のすべてだったよ作戦】

相手との別れ（ケンカ）によって精神的にすっかり疲弊し、仕事や私生活に多大な影響が出ていることを伝える。

自分との別れによって彼氏の生活が変わるほどの影響が出ていたと分かると、女は必ず喜びます。だから、どうにかしてそのことを相手に伝えるべき。なんなら〝捏造〟したっていいです。

「キミと別れてから体重が5キロ減ったんだ」
「ずっと話してなかった父親に相談した」
「職場でも〝顔色悪いね、体調大丈夫？〟ってかなり言われたよ」
「仕事が手につかなくて、初めて2日連続有給を取った」

こんな感じでいいです。伝え方としてはＬＩＮＥや口頭で。くれぐれも、嫌味っぽくならないように。

とにかく「キミの存在は、俺が自分を保つために重要なんだ。キミは俺のすべてだった」ということを間接的にアピールしてください。男性側によほど大きな原因（浮気や二股など）がなければ、本気度を伝えることは必ずプラスに働きます。

ケンカはしないことのほうが問題

自分や周囲の恋愛模様を見ていると、〝ケンカをしなさすぎるカップルは逆に問題〟だと感じます。**我慢して我慢して、不満を溜め込むだけ溜めて、最終的にプツンと切れて別れるパターンが多い**からです。

問題が起こったときにしっかり向き合い、解決する姿勢を持てなかった……つまりケンカを避けて暮らしてきたばっかりに、交際が終わってしまうカップルは少なくありません。**交際って〝お試し期間〟じゃありません。〝お互いの歩幅を合わせるための期間〟です。**多少のケンカは、歩幅を合わせるために避けては通れないイベントなんです。

もちろん、やたらめったらケンカばかりするのも問題があります。

軽い話し合いで済むのなら、それに越したことはありません。

でも、人間なんて同性の親友であっても、長年一緒に暮らしてきた家族であっても、互いの価値観が完全に一致することなんてありません。親密な関係であればあるほど、ケンカになるくらい本音を出し合う場面も必要になります。

「ケンカをしないことこそが正義」ではないので、気を付けるようにしてください。

泣くのなら、復縁が決まった〝後で〟

復縁交渉中に泣くのはご法度(はっと)です。絶対にダメ。

私は過去に交際していた男性から泣かれたことがありますが、その瞬間、音速で冷めました。その涙を見て、ますます別れたくなったのを覚えています。

女は自分が好きな男以外の涙を許しません。**好きでもなくなった男の涙が自分に向いていると思うと、とんでもなくストレス**なんです。

だから絶対に、別れ話の最中に涙を見せてはいけません。《泣くのは復縁ＯＫの返事をもらってから》です。

✦コラム✦男の涙は武器になることも

以前、ケンカ別れ後の復縁が決まった瞬間、彼氏が目を潤ませながら自分の部屋の合鍵を渡してきました。その瞬間、私はとんでもない愛しさを感じました。もうすごく前の話なのに、そのシーンだけはいまだに脳に焼き付いていて、「あぁやっぱりこの人は私がいないとダメなんだな」と思ったのを覚えています。

女にそう思わせておく（本当はそんなことなくても勘違いさせておく）のは、1度壊れてしまった交際関係を再び安定させるために非常に有効です。

別れ話やケンカの最中に泣くのはダメだけど、仲直りしたら少しくらい目を潤ませるべき。「男らしくない！」とか「ナメられる！」とか、そんな些細な問題は関係修復のためならどうでもいいです。男の涙だって、実は武器になります。

第 7 章

別れのピンチを乗り切る方法

まとめ

彼女に別れようと言われたら……

〈Step.1〉盛大に凹んだ姿を見せる

↓

〈Step.2〉"2週間"連絡を断つ

↓

〈Step.3〉【復縁レポート】を読み上げる

↓

〈Step.4〉【キミは俺のすべてだったよ作戦】で仕上げる

おわりに

昔から本を出すのが夢でした。

私は幼少期から本がとても好きで、小説でも教科書でもなんでもいいから、とにかく自分の本を出したいと常々思っていたのです。

でもまさか、それが【恋愛】というジャンルで叶うとは思っていませんでした。だって私にとって恋愛は〝趣味〟で、日々の夜遊びやホステス業を通じてたまたま身に付いた副産物的なノウハウで、これにそれほどの需要があるとは正直思っていなかったから。

もともとは、ｎｏｔｅというプラットフォームを使って、ちょっとアンダーグラウンドな日記のような気持ちで書いていたんですが、少しずつ多くの人に読んでもらえるようになり、ついにこうして1冊の本にしていただくことができました。

私はおそらく、人より多くの人間を観察し、男女関係について考え、実践の中で試行錯誤を重ねてきました。

祇園の高級クラブで数年間勤務する傍ら、私生活では関西中の相席屋に通算100回以上通い詰め、HUBやバー、クラブなどの男女の出会いの場に足繁く通い、合コンや街コンにも信じられないほど参加しています。

私にとって、人との出会いは〝人生で1番の趣味〟だからです。

男性と話した数、デートをした数、LINEをした数、出会いの場に行った数、合コンを主催した数……どれも20代女性としては群を抜いていると思います。

趣味だから、時間を惜しまず全力で取り組みました。そして〔京大生〕と〔ホステス〕という2つの顔で、男女関係の機微をずっとずっと観察してきました。

その結果がこの1冊の本に詰まっています。

この本に書いていることは、すべて私が自分の目で見て、耳で聞いて、実際に多くの男女とかかわる中で得てきたデータです。自らが恋愛市場にどっぷり浸かり、〝潜入調査〟をすることで知り得た情報です。

世の中のどこにも、何にも書いてありません。私だけが知っている、完全オリジナルのデータだと自信を持って言えます。

これらのデータを恋愛に悩む多くの男性に使ってもらえるよう、自分の周りの〔内気でマジメな草食系男子〕が使うことを想定して書きました。もちろん、私の歴代元カレたちもそんな男性ばかりなので、彼らの性格にも思いを馳(は)せながら。

彼らのように恋愛がニガテな男性にも取り組めることならば、世の中の多くの男性にとっても同様に手を付けやすい方法になると思ったからです。

〔恋愛が盛んな男性〕と〔恋愛に疎遠な男性〕、そのちょうど狭間にいる私だからこそ書けた本だと思っています。

そうして生まれたこの本を、絶対に読んでほしい人がいます。その人は私の知人の京大生で、「自分は生涯結婚しない」と宣言している男性です。

彼は20代後半ですが、人生で1度も交際経験がなく、告白をしたこともありません。女性を好きになることはあるようですが、いつも見つめて終わりです。

彼曰く、「部屋で女性と一緒に過ごすなんて考えられない。大切な自分だけの時間がなくなってしまうし、何より息が詰まる」。そんな理由で、結婚や交際をあえてしないことを選んでいるそうです。

私はとある居酒屋で彼からその話を聞いたとき、「まるで『酸っぱいブドウ』だな」と思いました（『酸っぱいブドウ』……イソップ寓話の1つで、高い場所で実っていて手が届かないブドウを、キツネが〝酸っぱくておいしくないに決まってる〟と決めつけ自己正当化した物語）。

恋愛が自分の手の届かない場所にあると感じるから、嫌なものだと決めつける。まだ部屋で女性と一緒に過ごしたこともないのに、息が詰まったこともないのに、「きっとそうであるはずだ。そうでないと困る」と考えている。

その姿はとても悲しく、もったいないものに思えました。

恋愛って、人生に必須じゃありません。正直、彼が言うように、ないほうが快適に生きられるケースもあります。自分の仕事やお金、性欲や睡眠欲を優先したいときに、恋人の存在って邪魔になることもありますよね。

でもそれでも、1度試してみてほしいんです。恋愛は面倒で、大変で、煩わしいこともたくさんあるけど、その何十倍も楽しい瞬間があります。それを知らずに死ぬなんて、どう考えてももったいない。もったいなさすぎる。

私はこの本を、彼のために書いたんだと思います。それと同時に、彼のように自ら恋愛を遠ざけてしまっている男性たちのためにも。

彼らがこの本を手に取って、「恋愛ね、ちょっとトライしてみようかな……」という気持ちに少しでもなってくれれば、私がこの本を出した意味はあるのかなと思っています。

お礼を伝えたい人がいます。

まずは、私が送った出版企画書を見つけ出し、多くの編集者さんとのアポイントを取り付けてくださった「企画のたまご屋さん」の美魔女・宮本さん。

脳に多くの引き出しを持ち、常に女の私にはない視点からアドバイスをくださった「ＳＢクリエイティブ」の天才編集者・杉浦さん。

お2人のおかげでこうして本を出すことができました。本当にありがとうございます。

また、今回は実現しなかったものの、私の企画書を見て声をかけてくださった多くの編集者さん、記事を書くプラットフォームとして2年間使わせてもらっているｎｏｔｅさん、Ｔｗｉｔｔｅｒで仲良くしてくれてるフォロワーさんたちにもガッツリお礼を伝えたいです。

本当に感謝しています。

最後に、いつも突拍子もない私の行動を温かく見守り支えてくれる家族と彼氏、そしてかつて週4で夜遊びに付き合ってくれていた看護師のMちゃん。あなたたちがいなかったら、この本に書いてるような思考は生まれませんでした。本当にありがとう。大好きです。

この本を手に取ってくれたあなたにも、最大級の感謝を。

恋愛に悩んだら、何度でもこの本を開いてください。いい恋愛ができるよう、ずっと応援しています。

2020年7月　京大生ホステス　灯諸こしき

著者紹介
京大生ホステス
灯諸こしき（とうもろ・こしき）

京都大学生でありながら、ホステスとして祇園の高級クラブで働く。

大学生活に必要な費用を稼ぐため18歳でキャバクラ勤務を始め、複数の店舗で接客を学んだ後、高級クラブへ移籍。あまりお金のない学生から、大手企業役員まで、様々な男性を見てきている。

そこで出会った数々の男性との攻防や、美しいホステスたちの恋愛模様を観察するうちに、「恋愛は受験と同じ。少し頭を使うだけでうまくいく」という持論に辿り着く。

膨大な数の男性に出会った経験と、日本最高峰の頭脳を駆使して徹底分析して完成させた独自の恋愛必勝術を綴ったnoteが好評を博し、100万アクセスを突破。

本書をお読みになったご意見・ご感想を
下記のURL、QRコードよりお寄せください。
https://isbn2.sbcr.jp/06077/

京大生ホステスが教えます。
99%の男がしていない
恋愛の超基本

2020年7月27日　初版第1刷発行

著者　灯諸こしき
発行者　小川 淳
発行所　SBクリエイティブ株式会社
〒106-0032　東京都港区六本木2-4-5
電話　03-5549-1201（営業部）

デザイン　小口翔平、岩永香穂（tobufune）
DTP　荒木香樹
写真撮影　其田有輝也
イラスト作成　灯諸こしき
制作協力　宮本里香（NPO法人企画のたまご屋さん）
校正　豊福実和子
編集担当　杉浦博道
印刷・製本　三松堂株式会社

落丁本、乱丁本は小社営業部にてお取替えいたします。

定価はカバーに記載されております。

本書に関するご質問は、小社学芸書籍編集部まで必ず書面にてお願いいたします。

ISBN 978-4-8156-0607-7